MORAES MOREIRA
Poeta não tem idade

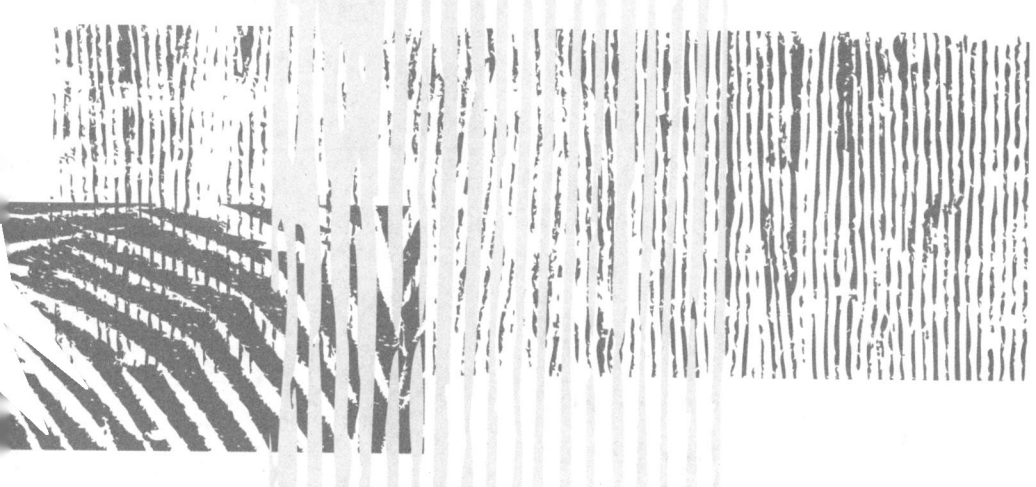

MORAES MOREIRA
Poeta não tem idade

SER TÃO HUMANO, SER TÃO POETA

> Sertão é isto: o senhor empurra para trás, mas de repente ele volta a rodear o senhor dos lados. Sertão é quando menos se espera.
>
> João Guimarães Rosa

Moraes Moreira é, antes de tudo, um homem apaixonado pela arte de seduzir e ser seduzido pelas palavras. Além do ofício de cantor e compositor, este baiano de Ituaçu resolveu, para a felicidade de seus admiradores, mergulhar fundo no indizível e inefável universo da poesia. E nos presenteou com esse livro, um ritmado, harmônico e melódico conjunto de poemas que percorre com sensibilidade, força e afeto os sertões da criação artística e as veredas da contemplação estética. Passando de certa maneira a vida a limpo, Moraes recompõe, com sabedoria e maturidade, os cenários da infância, os laços de família, as relações de amizade, as esquinas do planeta, os becos da existência, o sentimento do mundo. Tudo é matéria viva da memória. Tudo é praça, estrada, povo, país. O livro é uma narrativa de viagens, de tributos, de fatos históricos, de episódios que transitam entre o real e o imaginário. É como se ele tivesse esticado uma linha invisível onde os poemas, como livros de cordel, estivessem à disposição dos leitores. Aproximando o cosmopolita do sertanejo, Moraes faz da sua poética um espaço mesclado, sincrético, di-verso, como ele mesmo diz. É uma conversa entre o cantor e o cantador, o erudito e o popular, o maior e o menor, uma conversa de grandes e pequenos gestos. O poeta não tem idade, afirma nosso artífice da métrica e da rima. Nem a poesia se basta, se abraça ao tempo, se esvai, meu querido Moraes. O criador e a criatura são amantes, cúmplices, sofridos parceiros condenados ao silêncio. Mas como lutam sem trégua contra a finitude, poeta e poema resistem, recontam, refazem a vida no concreto gesto de marcar com letras fortes o sensível e poroso vazio do papel.

Júlio Diniz

ALVORADA DOS SETENTA!

Na terra bem preparada
Que seja enfim promissora
Caros leitor e leitora
A minha sorte lançada,
Pulsando nessa levada
Deixei o amor carregar
A inspiração navegar
Por oceanos bravios
Incendiando navios
Pra não saber mais voltar

Vivendo estes versos
Eu sou todo prosa
O que sofre e goza
Caminhos diversos,
Criando universos
Num mundo virado
A mim me foi dado
A chance do risco,
Que nem um Curisco
Arrisco adoidado

Ao embalar corações
O imaginário me leva,
Para livrar-me da treva
Convoco meus Lampiões,
Por esses Grandes Sertões
Veredas tão tropicais
Até pelos litorais
É a luz do sol que me acalma
Pelas marés de minh'alma
Vivo afogando meus ais

Na carpintaria
Dos meus devaneios
Eu tive outros meios
E fiz poesia,
De noite e de dia
E nas madrugadas
Ouvi trovoadas
De nuvens tão pretas,
Em nome das letras
Topei as paradas

No tempo pegando a reta
Nas páginas deste livro
Não imaginas o crivo
Que passo como poeta,
Pra quem a vida interpreta
O tempo se reinventa
– Não me derruba a tormenta...
No traço de cada linha
Aqui, vou deixando a minha
"Alvorada dos setenta"

1
DE CANTOR PRA CANTADOR

O CORDEL É MEU ROTEIRO

O cordel tem seu rigor
E jamais permite ultraje
Pra quem com más intenções
Tirando proveito age
O crime se configura
Nas instâncias da cultura
E até o povo reage

E aí os mais radicais
Estabelecem debates
Os ânimos exaltados
Evocam todos os vates
Ali naquelas alturas
Se elevam temperaturas
Chegando quase a mil watts

O cordel é como um rio
Corre através dos meandros
E para que alcance o mar
Me digam, quantos Leandros
Precisamos com certeza
Pra vencer a correnteza
E excluir os malandros?

O cordel tá no varal
Enxugando suas lágrimas
Acumulando vitórias
Sem nunca perder as rimas
Encara o tempo ruim
A poesia é assim
Resiste a todos os climas

Existem muitos segredos
Eu posso citar exemplo
Contar sílabas nos dedos
É um dos que mais contemplo
O cordel só se embeleza
Pra quem ajoelha e reza
A inspiração é um templo

Sextilhas ou septilhas
Versos quebrados nos ferem
Ampliem seus universos
Em décimas, se puderem
Para ilustrar, eu prometo
Publicar este folheto
Pra'queles que me preferem

Para os demais, eu receito
Overdose de poesia
Vão lá em Santa Teresa
Visitar a Academia
O cordel é meu roteiro
Salve Manuel Monteiro
Que nos deixou outro dia

CORDEL DOS DIREITOS HUMANOS

Há mais de sessenta anos
A grande declaração
Um dia foi proclamada,
Para cumprir os seus planos
Percebe cada nação
Que a luta ainda é cerrada

Tivemos algum avanço
Na dança desses processos
Mudanças a passos lentos,
Mas não teremos descanso
Diante dos retrocessos
Até que soprem bons ventos

Desejos e utopias
Sonhos que não têm idade
Anseios que são antigos
Trafegam por estas vias
Lições de humanidade
Dispostas em seus artigos

Respeito e dignidade
Buscando em todos os pleitos

Nascemos livres, iguais
Nas mãos da fraternidade
Assim por Deus fomos feitos
Moldando o barro da paz

E temos capacidades
Pra gozar sem distinção,
E na condição que for,
Direitos e liberdades
De raça e religião
De sexo, língua e cor

Acima de tudo, a vida,
Que seja ela um troféu
Uma conquista incessante
E nunca submetida
A um tratamento cruel,
Desumano ou degradante

Cientes dos seus deveres
Perante a lei sendo iguais
Mesmo que a todo custo,
Que tenham todos os seres
Diante dos tribunais
O julgamento mais justo,

Que venham lá desses templos
As decisões que respondem
Com força e autoridade,
Que sirvam, sim, como exemplos
Para aqueles que se escondem
Nas sombras da impunidade

Queremos todos os elos
Formando a grande corrente
Da solidariedade,
Rumos assim paralelos
Queremos já, é urgente
A nova sociedade

Que, enfim, sentimentos novos
Formando laços estreitos
Estabeleçam a paz,
Guiando todos os povos
À luz dos nossos direitos
Humanos e universais!

A VIDA E A MORTE, A PELEJA

Só quem viu, na verdade, é que traduz
A ferrenha peleja que se deu
Cada qual se mostrando no apogeu
Na fronteira entre as sombras e a luz,
Não fizeram nem o sinal da cruz
Imprimindo um caráter espartano
Era um e era outro em cada plano
A vibrar no calor do desafio
ERA A VIDA E ERA A MORTE POR UM FIO
NOS DEZ PÉS DO MARTELO ALAGOANO!

Eis que a vida chegando resolveu
Encarar com firmeza e altivez:
"Não me venha com esta morbidez
Não me assombra essa sombra, esse breu."
Só que a morte na lata respondeu:
"Não se esqueça de que um dia cai o pano
O seu jeito de ser é um engano
Nem sequer me provoca um arrepio."
ERA A VIDA E ERA A MORTE POR UM FIO
NOS DEZ PÉS DO MARTELO ALAGOANO!

"Não aceito essa sua apelação
Que conheço de outros carnavais

Sou a vida e não sou você que jaz
Moribunda em sinistra escuridão."
"Não se esqueça, vidinha, todo grão
Nasce e morre no seu cotidiano
E acontece num ciclo soberano
Que começa de fato no plantio."
ERA A VIDA E ERA A MORTE POR UM FIO
NOS DEZ PÉS DO MARTELO ALAGOANO!

"Ninguém vai contestar esta verdade
Por princípio preservo a minha essência
Observe os avanços da ciência
Já permitem maior longevidade."
"Eu não sei pra que serve a vaidade
Se o destino de todo ser humano
É um colosso, é um osso sem tutano
Em qualquer cavidade ou no vazio."
ERA A VIDA E ERA A MORTE POR UM FIO
NOS DEZ PÉS DO MARTELO ALAGOANO!

Noite adentro estendeu-se essa porfia
Até que no calor de um arrebol
Uma voz fez-se ouvir: "Sê como o sol,
O astro rei nasce e morre todo dia
Afinal se o que jorra é poesia
Esta vida se torna um oceano
Nem a morte nos causa qualquer dano
Onde a brisa que sopra é um assobio."
DANDO VIVAS O POVO APLAUDIU
OS DEZ PÉS DO MARTELO ALAGOANO!

DANDO VIVAS O POVO APLAUDIU
OS DEZ PÉS DO MARTELO ALAGOANO!

O DIA INTERNACIONAL DA MULHER

A força que tem a mulher brasileira
Eu disse no samba "Lá vem o Brasil"
Já não é um ser tão somente servil
Agora se mostra completa, inteira
E se manifesta, levanta bandeira
Em águas profundas só quer mergulhar
No trem da história, tomou seu lugar
Não é simplesmente uma dona de casa
Bonita de ver, onde chega, ela arrasa
E até faz pirraça na beira do mar

EVOLUÇÃO

Precisamos da força de cada elemento
E de todas as coisas da mãe natureza
A ciência e a fé, que nos tragam certeza
E a beleza do encontro no exato momento,
A matéria, o espírito e o pensamento
Harmonia, melô-dia e noite na rítmica,
Tudo aquilo que nós celebramos na música,
Vibram naturalmente no espaço em que avançam,
Nesse imenso universo sabemos que dançam
Mais que noventa e dois elementos da química

Quem respeita os fenômenos da natureza
Desde o tempo em que eram assim como deuses
Abismou-se e medrou quase todas as vezes
E esta força a reinar feito uma correnteza,
Era assim o existir, só mistério e beleza
Quando o homem dormia o sono do nada
Sendo a evolução uma longínqua estrada
A civilização precisou de milênios,
Para que celebrasse a chegada dos gênios
Que deixaram a física bem explicada

Descobrir a morada da alma na vida
Eis um tema que intriga o indivíduo que é hábil

Interessa de fato e o mergulho do sábio
Dá-se nas águas turvas e pra quem duvida,
Digo que a humanidade já esteve perdida
Luciférica in-teligência esplêndida
Se deu mal, destruiu todo o Planeta Atlântida
Tudo aquilo que vamos saber amanhã
Começou muito antes da Era Cristã
Feito filosofia e ainda recôndita

Não podemos negar a tecnologia
Que domina os contornos da realidade
Só não sei se trará nossa felicidade
Porém é com certeza de grande valia,
Ciberespacial, virtual poesia,
Já consigo enxergar na loucura dos dados
Entre o bem, entre o mal, não sou nenhum dos lados
Quando querem dizer que estou sendo anacrônico,
Quase choro de rir e acho até tragicômico
Para os maniqueístas desprezo aos bocados

O DESTINO E O ACASO

Onde o destino e o acaso
Protagonistas pelejam
No desafio que ensejam
Não há sentimento raso
O acaso, sim, ao dar azo
Quando chega surpreende
O destino mal entende
Procura pousar de sócio
Mas aí não tem negócio
E o acaso não se rende

Destino é conservador
Já o acaso é bandoleiro
Por isso chega primeiro
E seja lá como for
Afaga as mãos de um amor
Não fica traçando linhas
Tortuosas feito as minhas
Aflito não posso vê-las
E sendo assim para lê-las
Só ciganas adivinhas

Mas, se o destino é senhor,
Eis que o acaso é menino
Um é bem forte, imagino,
O outro é transformador
Sentindo o prazer e a dor
Tentam viver separados
E às vezes agem calados
Pela calada da noite,
No vasto tempo do açoite
Sem nunca mandar recados

Alguém já viu por acaso
O destino ser parceiro
Se oferecer por inteiro
Considerar caso a caso?
Aí seria um arraso!
Acaso não manda aviso
Demanda o que for preciso
Quem sabe até o impossível
Pra nunca ser previsível
Nos temas nem no improviso

Deixa o destino e o acaso
Criarem momentos seus
À revelia de Deus
Viverem assim sem prazo
Se acaso houver um atraso
O público leva adiante
Os sonhos e os sentimentos
Da nossa grande porfia,
Na base da poesia
Em seus melhores momentos

SEU LUNGA NO INFINITO!

Não diga: Lunga morreu!
Pra mim não soa bonito
Sabe o que é que aconteceu?
Se mandou, rumo ao infinito,
Já cansado dessa instância
Zerou sua tolerância
E disse adeus... acredito!

Partindo pra um mundo novo
Bradou: "Eu sou imortal
Da Academia do Povo
Patrimônio Nacional,
Se aqui eu deixo uma obra
Foi Deus que deu asa a cobra
E o céu será meu quintal."

— São Pedro, fica nos trinques
Ou ponha as barbas de molho
Eu te aconselho: nao brinques
Com quem tem sangue no olho
Céu, Inferno ou Purgatório
Em pleno interrogatório
Ele é quem diz: "Eu escolho."

– Fugindo daqueles breus
Irá viver com mais calma
Porque diante de Deus
Será somente uma alma,
Deixando o corpo pra trás
E aquele jeito sagaz
Que o povo batia palma

– Se perguntarem sorrindo:
Seu Lunga, chegando agora?
Ele dirá: "Não, tô indo
Emendando sem demora:
Querem saber o que eu acho?
Não perdi nada, sou macho
Daqui eu já vou-me embora."

"Quem sabe no Purgatório
A sorte não me renega
Não sendo contraditório
Vou me dar bem na refrega,
Com a verdade eu não falto
E pago um preço bem alto
Por essa tamanha entrega."

"Tranquilo e assim devotado
Fazendo só penitência
Quem sabe lá do outro lado
Eu venha a ter paciência,
O amor e o bem necessários
Pra suportar os otários
Que indagam com displicência."

– Em meio a tantos ateus
A sua fé fez alarde
Quem sabe volte pra Deus
Bem antes que seja tarde,
Distante do Pai eterno
Só restará mesmo o inferno
Lugar de gente covarde

– No reino de Belzebu
Não saberá o que é paz
Vai perguntar: "Quem és tu,
Oh, infame Satanás?
Eu já conheço o teu jogo
Não vou me queimar no fogo
O teu calor não me apraz."

Despido de qualquer arma
Buscando a sabedoria
Nas garras da lei do carma
Seu Lunga se dividia
Entre a dureza e a ternura
Eu conheci a figura
E faço uma profecia:

Assim como quem comunga
Cumprindo a sua missão
Virá um novo seu Lunga
Na próxima encarnação,
Inteiro pra Juazeiro
Terra do seu padroeiro
O Padim Ciço Romão

Em uma nova jornada
Quem sabe a vida melhore
E aí não queira mais nada
Que lembre o velho folclore.
Plantando um novo Nordeste
Proclama o cabra da peste:
"A minha morte não chore."

O LIVRO DOS SONHOS

Um livro de capa dura
Um livro que fica em pé
Com páginas de ternura
E notas no rodapé
Eu quero o que não é fácil
Um livro que tenha orelha
Quero prefácio e posfácio
E tudo o que der na telha

A foto é em branco e preto
E traz a minha figura
O conteúdo eu prometo
Alucinante estrutura
Inteiro e absoluto
Na execução dessa escrita
A capa vai ser bonita
E vai vender o produto

Na lista dos mais vendidos
Eu deixo nessa batida
Pra trás e surpreendidos
Os best-sellers da vida
Não sou quem cedo madruga

Mas sou de pouco dormir
Com passos de tartaruga
Eu chego a um "Jabuti"

Aí eu fico tranquilo
No meu castelo de mármore
Já fiz bem mais que um filho
E já plantei uma árvore
Agora eu vou à loucura
E não dá mais pra voltar
Nobel de literatura?
Não custa nada sonhar

O verdadeiro poeta
Investe em seu devaneio
Além, muito além da seta
Não permanece no meio
E diz assim: comemorem
Festejem até o fim
Querendo que lhe devorem
As traças e o cupim

O HOMEM

A vida é comum
a todos os seres
Porém aos humanos
coube a razão,
Errantes no rumo
da evolução
Constantes nas dores
e nos prazeres
É certo que paguem
por seus quereres

Por serem, sim,
autodeterminantes
Do ponto se afastam
e ficam distantes
Se ainda são parcos
os seus saberes
O tempo decreta:
enquanto viveres,
A felicidade,
só por instantes

Vivem os homens
em mundos dispersos
Fluindo no lado
material
Chegando à esfera
da vida real
Buscando sentido
em pontos diversos

Sobreviverão
somente os imersos
Na mais profunda
das reflexões

O instinto vital
trazendo as lições
Dirá que o poder
não destrói a ordem
No entanto ouvirá
os gritos de acordem
Que o fanatismo
sufoca as nações

Eis o homem
esse desconhecido
Vivendo o drama
multimilenar
Especialista
em desencontrar
O objetivo
bem mais que sabido

Há um fascínio
pelo proibido!
Precisaremos já
dos incomuns
Em grandes alturas
aqueles uns
Que valorizam assim
tantos zeros
Que vibram na vida
e que não são meros
Corpos sem alma,
fantasmas e eguns

No gabinete
dos pesquisadores
Se passasse um Buda,
um Gandhi, um Jesus
Seria, sim,
um momento de luz
Mudando o rumo
desses pensadores
Que das Ciências
são os cultores
Mas que se guiam
pelo ceticismo,
Só falam do
alo-determinismo
Do mineral,
vegetal e animal,
Muito pouco
do homem integral,
Sua intuição
e universalismo

A julgar pelos indícios
a humanidade no ápice
Prepara um apocalipse
vislumbra outros inícios
Envia os seus ofícios
a Deus pra ver no que dá.
O amor é mais. É o que há!
se a gente não se atrapalha
Vencemos esta batalha
e o logos logo virá

MILAGRE

Crescei e multiplicai
Disse o nosso Criador
Mesmo que seja com dor
Sem dúvida a vida vai,
Ouçam a fala do Pai
Nesses planos temporários
Harmonizando os contrários
Importa que corram risco,
JÁ DISSE O PAPA FRANCISCO
"SEJAM REVOLUCIONÁRIOS"

Amai e amai o próximo
Como se fora a si mesmo
Pra não vivermos a esmo
E aproveitarmos o máximo,
Assim teremos o acréscimo.
Ascendem os solidários
Ficam de fora os otários
O espertalhão e o arisco,
JÁ DISSE O PAPA FRANCISCO
"SEJAM REVOLUCIONÁRIOS"

Multiplicai pães e peixes
E transformai água em vinho
Aqueles que estão no caminho
Com fome e sede não deixes,
De luzes eu quero feixes.
Diante dos mandatários
Perante os adversários
Naturalmente me arrisco,
JÁ DISSE O PAPA FRANCISCO
"SEJAM REVOLUCIONÁRIOS"

Repetem-se velhos atos
Pergunto: Oh, Deus, como podes
Conceber tantos Herodes
E tantos Pôncios Pilatos,
Medievais aparatos.
Poderosos temerários!
Enxergo seus partidários
Dos olhos tirando o cisco
JÁ DISSE O PAPA FRANCISCO
"SEJAM REVOLUCIONÁRIOS"

SENHOR DO BONFIM

O meu pai era devoto
Desde cedo percebi
E foi assim que cresci
Sempre fazendo esse voto,
Hoje em dia quando noto
Que a vida vai se danar
Logo me ponho a rezar
E do começo até o fim,
Chamo o Senhor do Bonfim
Que é o nosso pai Oxalá

O seu dia quem festeja
São as pessoas de fé
Baianas do candomblé
Que lavam degraus da igreja,
Quero que sempre assim seja
No tempo e no espaço cênico
Um ritual ecumênico
Sem nenhum proselitismo,
Celebrando o sincretismo
Diante do mal endêmico

MEU INTERIOR

Cavando que nem tatu
Correndo, queimando chão
Eu venho de Ituaçu
Cidade lá do sertão
Se perguntarem, respondo
É ela a minha Macondo
Cem anos de solidão

Mas apesar da distância
Ainda na flor da idade
Vivi a minha infância
Ali naquela cidade,
Tomando banho de rio
A escutar o assobio
Do vento. Ai, que saudade!

Jogando bola na praça
Eu era um bom aprendiz
Fazia muita arruaça
Pois é, não tinha juiz,
Assim como quem se acaba
Eu me entregava no baba
E nunca fui tão feliz

Na festa da padroeira
Num ato de devoção
Eu via a cidade inteira
Na fila da procissão,
Era a maior maravilha
Saber dançar a quadrilha
Nas noites de São João

No som de um alto-falante
A tocar os corações
A voz solene e vibrante
Anunciava as canções,
Ouvindo também ficava
No rádio, o que me ligava
Ao mundo das emoções

À luz do luar de prata
Choravam os violões
Cantando na serenata
Eu fazia imitações
Baratas e sem pudores
Dos nossos grandes cantores,
Cantores das multidões

E quando a banda passava
A vida dizia sim
A música me tocava
Era um dobrado sem fim
Aquela banda famosa
Chamada de furiosa
Passava dentro de mim

Na tuba era só seu Arnulfo
Ostilio e o saxofone
O Severino no rufo
Miranda no seu trombone,
Acontecia a alvorada
Cidade toda acordada
A madrugada era insone

É viva a minha memória
Pois não padeço de oblívio
E vou contando a história
Daquele nosso convívio
A fé de quem professava
Quem era que abençoava?
Nossa Senhora do Alívio

Sofriam os descontentes
Naquelas terras de lá
Tiranos, os Intendentes
Diziam: o que é que há?
Que homens eram aqueles!
Destaco entre todos eles
O Barão do Sincorá

Bom mesmo é falar do povo
Coisas que são muito boas
Até hoje me comovo
Lembrando aquelas pessoas
Merecedoras de aplausos
Por isso é que conto causos
E faço versos e loas

Não carreguei um cartucho
Para matar juriti
Mas não me esqueço do bruxo
O velho Quinca Davi
De predicados notórios
Poderes divinatórios
Iguais ainda não vi

Pra quem não fez as lições
A geografia ensina
Entre tantas regiões
Chapada Diamantina
Dos sonhos tão delirantes
O brilho dos diamantes
Traçava o mapa da mina

A inspiração que me mande
No mundo correr perigo
Porém o meu Brejo Grande
Levarei sempre comigo
Eta lugarzim porreta
Pedacinho de planeta
Onde plantei meu umbigo

PSD e UDN
Uma cidade partida
Numa disputa perene
De tal forma dividida
Entre pobres e os eleitos
Remediados e aceitos
E aqueles quase sem vida

Era um pequeno retrato
Da nossa realidade
Entre o concreto e o abstrato
E a subjetividade
Dançando conforme a música
Era assim a vida pública
Ali naquela cidade

O verso pegou na veia
Não é nenhum desatino
Falar de doutor Gouveia
E seu Chiquinho Avelino,
Os poderosos chefões
Firmavam as posições
Mandando em nosso destino

Sobrava até pra saúde
O disputado poder
Ninguém tomava atitude
E deixava acontecer,
Doente mal atendido
Se fosse de outro partido
Então podia morrer

Carrego uma frustração
Que no meu peito se encerra
Não joguei na seleção
No escrete da minha terra,
Por Deus, não me comprometas
O tempo é das ampulhetas
Eu sou cometa que erra

Mais importante era o time
Cito quem era capaz
Até para que eu me anime
E deixe o banzo pra trás,
Valmir, Pindô e o Miguel
Toninho fez bom papel
Prensa, Silvinho e os demais

Na escola fui o melhor
Fazia as obrigações
Entrei sabendo de cor
Todas as operações,
Aqui discutir não vou
Os métodos que o vovô
Usou para dar lições

Admissão ao ginásio
Foi dureza, meu irmão
Arrisco agora um adágio,
Vence quem tem instrução
Primeira turma, passei!
Relembro o grau que colei
Naquela instituição

Do meu primeiro instrumento
A minha irmã era a dona
Só que num dado momento
Ganhei aquela sanfona,
Queria ser tocador
Fidélis foi professor
E a música veio à tona

Boreta e João Gabiraba
Meus mestres do violão
A lista aqui não acaba
Pilinha e Zé Alemão
Seu Anizin para-carro
Ficar lembrando, eu me amarro,
Dé Pelongo e seu Tião

Vavá Defunto Lavado
Medonho, João Bonito
Quebra Santo, que danado!
Estão achando esquisito?
Bilocha e até Zé Teiú
Zé Mascate e Zé Mandú
Zé Mocó e seu Murito

Que bom é citar os nomes
Desses populares mitos
Usando até cognomes
Que não causavam conflitos,
Sá Riqueta, meu xodó
No Xixá, dona Tió
Na forma que vão escritos

Eu lembro assim por completo
De todos com muita estima,
Falando seu dialeto
Às vezes até com rima,
Na solitária tertúlia
Toda a loucura de Júlia
Ali na rua de cima

Conto em cordel minha vida
Os meus tempos de criança
A nossa família unida
Ao derredor da esperança,
Tem pressa quem tem idade
De todos sinto saudade
É clara a minha lembrança

A nossa casa era grande
Vivia de porta aberta,
No mundo por mais que eu ande
Não tenho morada certa,
Distantes estamos nós
Porém não estamos sós
Só mesmo a saudade aperta

Obedecendo ao destino
Segui para Salvador
Não era mais um menino
Deixei meu interior,
Sem esse ponto de vista
Eu não seria um artista,
Muito menos cantador

É mesmo uma mentira e tanto
Qualquer cabeça de bagre
Ficar dizendo que santo
De casa não faz milagre
Renovado em meu caminho
Eu sou assim como o vinho
E não vou virar vinagre

Jamais me declaro em guerra
Da paz eu vivo a procura
O que fiz por minha terra
Um bom lugar me assegura,
E quem quiser saber mais
É só buscar nos anais
Da nossa grande cultura

PELO BRASIL

Eu vou fazer os meus cálculos
E saber em quantos palcos
Cantando estive em ação
Desde os dezenove anos
Fundando os Novos Baianos
Com meu parceiro Galvão

Eu digo: não há quem durma
Com o barulho que a turma
Provocou naquela hora,
O que rolou nos setenta
Até hoje se comenta
E a juventude adora

Venha comigo, não pare
Taí o *Acabou Chorare*
No centro e nos arredores
Nas páginas de revistas
Em quase todas as listas
O melhor entre os melhores

Corremos, sim, muitos riscos
Concebemos outros discos

Que ficaram na memória,
Ao vivo, alçamos voos
No auge daqueles shows
Que fazem parte da história

Tempo não fez concessão
E a dor da separação
Veio cair em meu colo
E foi preciso coragem,
Recomeçando a viagem
Parti pra carreira solo

Ao som de "Pombo Correio"
Todo sucesso que veio
Não me deixou deslumbrado,
Em meio a drogas e dragas
O tempo das vacas magras
Pra sempre será lembrado

Também em cima dos trios
Elétricos desafios
A partir de Salvador,
Não há como contestar
Diziam Dodô e Osmar:
És o primeiro cantor

Sem obedecer aos prazos
Contaria aqui mil casos
Que aconteceram na estrada
Na forma e no conteúdo
Eu vou lembrando de tudo
E não me esqueço de nada

Porém eu vou me ater
Ao que veio a acontecer
Lá no Circo Voador,
Em meio à empolgação
Na base da pura emoção
A galera deu valor

Se estou sonhando, me acordem
Aquelas palavras de ordem
Quem lá esteve, ouviu:
Puta que pariu,
Moraes Moreira
Representa o Brasil

A FEIRA DE SÃO CRISTÓVÃO

Como é bonita a história
De um povo que tem valor
Bate e fica na memória
Dá pra sentir o sabor
E mesmo sendo sofrida
Leva uma carga de vida
No pau de arara do amor

A sina do retirante
Às vezes é um sinal
Nem sempre viver distante
Será de todo tão mau
O destino abençoou
Quem veio do interior
Construir a capital

Quem vem de lá do Nordeste
Não escolhe profissão
Faz tudo o cabra da peste
Com muita dedicação
Pedreiro, garçom, artista
Doutor, pintor, taxista

Porteiro, ator e peão
É infindável a lista
Aqui não está completa
O genial cordelista
O escritor e o poeta
A palavra é poderosa
Cantada em verso ou em prosa
E ainda tem o atleta

Pra decifrar estes códigos
Um dia alguém vai chegar
A volta dos filhos pródigos
Quem sabe acontecerá
Em espiral e por cima
Seria uma obra-prima
Tomara, meu pai, oxalá

O Nordeste de hoje em dia
Não está de brincadeira
Não é o que resolvia
Quase tudo na peixeira
Desarmaram-se os gatilhos
Repatriar os seus filhos
É sua meta primeira

São Paulo nos recebeu
Com o coração aberto
E veja só no que deu
O destino estava certo
Viva o Rio de Janeiro
Cidade dos brasileiros,
Como disse João Gilberto

Eu escrevi tanto verso
E digo, não foi em vão
Pra falar desse universo:
A Feira de São Cristóvão!
No Centro Luiz Gonzaga
Você revive essa saga
Do povo lá do sertão

ACORDEON E CORDEL

Acordeon meu amigo
Instrumento bem francês
Chegando aqui, eu lhe digo,
Brasileirou-se de vez,
Por esta nova passagem
Criando outra linguagem
Fez a viagem que fez

Luiz merece uma tese
Pelo o que fez nesta terra
É mesmo uma grande síntese
O nosso "Trio pé de serra"
Fole, zabumba e triângulo
Encantam desde o preâmbulo
E o ritmo não emperra

Pedindo a Deus que me mande
Aquele jeito bonito
Dos que formaram pirâmide
Aqui nesse nosso Egito,
Do "Lua" vem Dominguinhos
Sivuca e o Oswaldinho
E cada qual é um mito

Quer ver um cabra, como ele berra
Dizendo assim: meu São João é pé de serra
Quer ver um cabra muito cabreiro
É lhe deixar no São João sem Sanfoneiro

Incentivando os discípulos
Enfim, a se dedicarem,
A registrarem seus títulos
E seus caminhos tomarem,
São tantos bons sanfoneiros
Músicos bem brasileiros
Não percam tempo, reparem

Buscando a evolução
Querem correr o perigo
Mas da real tradição
Se dizem sempre um amigo,
Eis um compromisso eterno
Pois sabem bem que o moderno
Mora na casa do antigo

Do meu primeiro instrumento
A minha irmã era a dona
Fui de momento em momento
Ganhando aquela sanfona
Queria ser tocador
Fidelis foi professor
E a música veio a tona

Quer ver um cabra, como ele berra
Dizendo assim: meu São João é pé de serra
Quer ver um cabra ficar cabreiro
É lhe deixar no São João sem Sanfoneiro

Assim também o cordel
De raiz peninsular
Não farei um escarcéu
Se alguém quiser discordar
Certo é que muitos sinais
Vieram tempos atrás
Podemos verificar

Já nos salmos de Davi
E na Comédia de Dante
Em Shakespeare eu li
Camões, que a gente cante
Aqui pra darmos os "salves"
Rogaciano, Castro Alves,
Gonçalves Dias, bastante

Tomando os rumos diversos
Depois de tantos destinos
Cantando os seus universos
Nossos irmãos nordestinos,
Com muita desenvoltura
Cuidaram desta cultura
Com versos tão genuínos

Um violeiro, que desafia
É feito um rio que corre para a imensidão
Do oceano, da poesia
A navegar nas aguas da inspiração.

Mas o verbete cordel,
Gonçalo sempre repete,
Foi citado no papel
Do mestre Caudas Aulete,

Ja disse o nosso acadêmico
Sobre este tema polêmico
Quem sabe mais que complete

São verdadeiros rumores
Que o tempo nos irradia
Nossos colonizadores
Trouxeram para a Bahia,
Aqui, na terra primeira
Cordel chegou foi pra feira,
Mais tarde pra Academia

Leandro não se aventura
Ao longo da sua estrada
Não diz que a literatura
Por ele fora inventada,
Se diz "autor só das rimas"
Forjadas em obras primas
"Exceto isso, mais nada."

Um violeiro que desafia
É feito um rio que corre para a imensidão
Do oceano, da poesia,
A navegar nas aguas da inspiração

NÓS SOMOS, SIM, PARAÍBA

Já se passaram os dias
Que as velhas oligarquias
Mandavam ver no Nordeste
E já não faz mais sentido
Aquele velho e batido
Terra de cabra da peste

Já sabe qualquer escriba
Nós somos, sim, Paraíba
O orgulho é que nos convence
E o tempo na hora exata
Não nega aos cabeça-chata
A parte que lhes pertence

Sem cometer neste ato
Regionalismo barato
É grande o potencial
Eu digo em sã consciência
Que já virou referência
No plano nacional

E a força desta cultura
Que entre outras figura

Na base da resistência
Tem seu lugar de destaque
No som de cada sotaque
Em busca da independência

Não sendo um separatista
Meu coração de artista
Naturalmente intuiu
É hora de bater palma
Já que o Nordeste é a alma
Do nosso imenso Brasil

ESSE CABRA SOU EU

Sossega, frô de açucena,
Pro mode o que assucedeu
Assunta, valeu a pena
Jutim a gente cresceu
Nós nunca perdeu a mira
Se inziste quem te admira
Esse cabra sou eu

Deita no leito do ri
Imbala o sonho que é teu
Nas águas do desafi
O amor quem foi que te deu?
Quem muito ama não drome
Carece dizer o nome?
Esse cabra sou eu

No fundo dos horizonte
Mil vezes o sol nasceu
Briando pur trás os monte
Alumiando esse breu
Te amando pro toda a vida
Vou priguntar, quem duvida?
Esse cabra sou eu

Das torre desse castelo
O nosso amor se valeu
O sentimento mais belo
Assim que nem um Romeu
Nas foia desse romance
Se tem arguém que te alcance
Esse cabra sou eu

Os verso mais delirante
O teu poeta inscreveu
Sou o mió dos amante
Que o mundo já conheceu
Astuto, matuto, esperto,
Dimiradô de Roberto
Esse cabra sou eu

UM SONHO CHAMADO MARINA

O meu sonho se embala na rede do amor
Já que no berço esplêndido é só pesadelo
Se o gigante desperta, o destino é senhor
Nos ajuda a mudar, quando esgota o modelo

A esperança nasceu dentro dos seringais
Foi vivendo e aprendendo no seu dia a dia
Só na intuição percebia os sinais
Fez a sua lição até quando não lia

E à medida que o tempo passava, crescia
Vislumbrando um porvir quase que inatingível
E se alguém duvidava, ela só respondia:
"Pra quem anda com fé, quase tudo é possível"

Trabalhou, foi à luta, com dignidade
Não se queixou da sorte e, se não teve escolha,
Soube até conviver com a desigualdade
Assim como quem tem a leveza da folha

Sem queimar as etapas, seguiu a jornada,
Foi traçando seu mapa e aparando as arestas
Encontrou Chico Mendes no meio da estrada
Seu parceiro ideal pra salvar as florestas

Ampliou seus conceitos de cidadania
Foi valente diante das nossas mazelas
Conquistou o saber dentro da Academia
Entre tantas batalhas, venceu todas elas

Tendo orgulho da sua raiz ameríndia
Generosa mulher, coração continente
Representa o país, nossa preta pretíndia
Já foi tudo na vida e vai ser presidente

O RIO E O MAR

O rio disse pro mar
Desafogando as mágoas:
"Vem ver, eu sou o que há
Sou a doçura das águas
Loucura! Vê que façanha
Nem teu tamanho invejo
Já sabe quem me acompanha
Eu vou além, sou o Tejo"

O mar não disse palavra
Continuou no ritmo
Tranquilo se concentrava
Num pensamento marítimo:
"Sou o sabor, sou o sal
Que onda! Sou um romântico
Um banho continental
Sou o oceano Atlântico"

"Eu sou o leito e a cama
E corro por outras zonas
Eu sou aquele que ama
Eu sou o rio Amazonas,
Eu ando perto e tão longe

Nesta aventura me arrisco
O Nilo, o Sena, o Ganges
Eu sou o rio São Francisco"

"Eu vivo assim noutro plano
Visito muitos lugares
A fúria dos oceanos
Eu sou a força dos mares
Antigo e contemporâneo
Parado eu nunca fico
Eu sou o Mediterrâneo
O Índico e o Pacífico"

O homem que não é bobo
Na briga não quis entrar
No rio molhou o corpo
Lavou a alma no mar,
E foi assim que a vida
Lá onde o tempo se enxágua
Presenciou comovida
O grande encontro das águas!

A PRAÇA, O POVO E O POETA

Na vida e no carnaval
A praça é mais democrática
Independente de raça
A praça é mais ecumênica
Independente de crença
Independente de classe
Assim como de aparência

Não sei se há consciência
Ao longo das avenidas
A praça concentra vidas
E é lindo ver tanta gente
Unida naquele espaço
E sendo assim o abraço
Torna-se quase iminente

A praça que eu tenho em mente
Viveu momentos de glória
Carrega na sua história
Músicas e poesias
Que guardam no imaginário
Sentimentos libertários
Daqueles melhores dias

Será que o tempo avalia
E dando a volta por cima
Mais uma vez aproxima
A praça, o povo e o poeta?
Um novo hino eu componho
Pra alimentar esse sonho
Esse desejo, essa meta

Eu quero a praça repleta
Eu quero todas as tribos
A legião dos amigos
As bichas, os travestis
Figuras tão delirantes
As diferenças gritantes
Lá se tornando sutis

Não sei viver infeliz
Vi o poeta tristonho...
Tomando o lugar do sonho
O abandono, o lamento
Nem sei como fui capaz
De ver os seus ideais
Caírem no esquecimento

Aos pés do seu monumento
Eu quero a lama da praça
O povo a brincar de graça
Os loucos e os artistas
A emoção que transborda
Que não precisa de corda
Pra garantir as conquistas

Eu gosto é de quem se arrisca
Arquitetando seus planos
E nem co'o passar dos anos
Deixa de ser sonhador
É nessa que a gente embarca
E aí o destino marca
Nosso encontro em Salvador

Quero te ver, meu amor,
No auge dos arrepios
Vivendo o Encontro dos Trios
Dizendo a quem não tem fé
Salve-se, salve-se, salve-
– Se, jogue na Castro Alves
E seja o que Deus quiser

OBRIGADO, CACULÉ

Considero Caculé
A minha segunda terra
Quem já falou de verdade
Aqui e agora não erra
É muito amor e respeito
Explode dentro do peito
O som do grito que encerra

Posso dizer que o destino
Comigo foi magnífico
Partindo de Ituaçu
Pra cursar o científico
Sem sequer imaginar
Que tudo iria mudar
Cheguei dizendo: eu fico

E desde o primeiro ano
Intensamente vivido
Por doutor Vespasiano
Fui muito bem recebido
E como quem evolui
Em pouco tempo eu já fui
Ficando desinibido

A minha primeira casa
Preste atenção me acompanhe
Foi a casa do seu Seixas
Colega da minha mãe
Se nada aqui eu invento
Pra lá, bem pra lá de atento,
Que a memória me apanhe

Gozava da simpatia
Dos mestres, dos professores
Também das moças bonitas
Por quem morria de amores
Amigo da mocidade
E de todos da cidade
Das senhoras, dos senhores

Já era amante da música
Meus companheiros cantavam
Aula de educação física
Seresteiros se atrasavam
Deba mostrava o relógio...
Ele e o professor Eustórgio
Quase sempre aliviavam

Pude também estudar
Na escola do bom boêmio
Gostava de uma cachaça
Não era nada abstêmio
Violão era o instrumento
Arnunice era um talento
Mestre Dudula é um gênio

Lá no Hotel Livramento
Onde pude me hospedar
Fiquei um tempo e parti
Pra casa de dona Iaiá
Vivi momentos tranquilos
Sendo amigo dos seus filhos
De todos que estavam lá

Zé Clemente era um colega
O mais chegado, o mais íntimo
Acompanhava as loucuras
Impondo sempre o seu ritmo
Me apaixonei por Dalbinha
Pensei que ela fosse minha
Que sentimento legítimo!

Ao lado morava Nina
A minha nova paixão
Digo que sua beleza
Tamanho não tinha, não
Mas num momento solene
Me lembro bem, foi Marlene
Dona do meu coração

Mesmo sem falar de todas
Não fica fora nenhuma
Bem vivo aqui na memória
O cheiro de cada uma
No mar da minha existência
Navegam, sim, com frequência
Sem se perderem na espuma

Chegou a vez dos amigos:
Eu não me esqueço, ora veja
De Abdenor e Maroca
Ali na praça da igreja
Dilma, Celsa e Celeide
Cada qual era uma lady
Que a minha saudade beija

Dirceu, Sessé, Roseli
Era grande essa família
Eu quase fui adotado
Vejam que maravilha
Foi rica essa convivência
De tanta inteligência
Feliz de quem compartilha

Jogava a minha sinuca
Lá no bar de seu Nozinho
Em meio a tantos parceiros
Eu não estava sozinho
Pagava a conversa fiada
Mandavam minha mesada
Dona Nita e seu Dadinho

Pra falar de todo mundo
Sei que vai faltar papel
Meu Deus, são muitas figuras
Não cabem num só cordel
Queria contar uns causos
Pois todos merecem aplausos
E eu tiro até meu chapéu

No fim daqueles três anos
A coisa ficou bem séria
Caí na segunda época
Em duas ou três matérias
Tendo que passar por crivos
Meti a cara nos livros
E até que enfim tive férias

Já me sentia um músico
Mesmo que um autodidata
Foram muitas as lições
Que eu aprendi com a nata
Quem batia uma viola
Nunca fez de radiola
Uma linda serenata

Já tendo o segundo grau
Apesar de tanta súplica
Eu tirei um bom proveito
Lá daquela escola pública
Chegando na capital
Percebi que andava mal
A nossa velha república

Enquanto que a medicina
Não abria a inscrição
Fiz teste no Seminário
Mostrei minha aptidão
Pra não perder a viagem
Matriculei de passagem
No curso de percussão

Ali encontrei Tom Zé
Que era mestre e aluno
Aproveitei o que pude
E num momento oportuno
Eu conheci o Galvão
E aí a composição
Pôde tomar outro rumo

Já era sessenta e sete
E o destino fez seus planos
Nas ruas de Salvador
Nascem os Novos Baianos
Voando num céu azul
Logo parti para o sul
Junto com aqueles manos

Aí me joguei na vida
E precisava ter fé
A nossa carreira artística
Já começava a dar pé
Foi quando falei e disse
De Dudula e de Arnunice
Meus mestres de Caculé

Eu nunca fui de esquecer
Os meus momentos felizes
Nem também de abandonar
Minhas profundas raízes
Cumprindo assim meu papel
Permanecendo fiel
A todas essas matrizes

Que venham as homenagens
Cantemos todos em coro
Na "Festa do interior"
Na festa que é um estouro
As coisas andam no trilho
Já que o prefeito é o filho
Do saudoso Chico Louro

Perdoem a minha ausência
O compromisso me fez
Estar em outros lugares
E não aí com vocês
Mas vou dizer a verdade
Em outra oportunidade
Não tem senão nem talvez

DI-VERSO 2

A DOR E O POETA

A dor atinge
O peito do poeta
Mas ele finge
Que nada sente
E até se delicia
Mas ele mente

A dor é tanta
No seu limiar
Mas ele canta
É de partir
O coração
Mas ele ri

A dor é fria
Se não se transforma
Em poesia
Sofreguidão
Se não compõe os versos
De uma canção

A dor invade
E o poeta diz

Que é saudade
É solidão
E ele dá outro nome:
Inspiração

A dor é fina
O aço de um punhal
Não há morfina
Que traga alívio
Em sua permanência
Em seu convívio

A dor é tal
Mas o poeta faz
Um carnaval
Deixa doer
Até o fim
O bel-prazer

A dor insana
Vai forjando as cenas
De um drama
E sobre o tema
Ergue a estrutura
Do seu poema

A dor destrói
Mas o poeta em si
É um herói
Diz que é feliz
E a plateia aplaude
E pede bis

NEM

Nem todo inferno é o de Dante
Nem é Divina comédia
Nem todo ser é um Cervantes
Nem mesmo a tragédia grega
Nem drama nem fantasia
Beckett ou Molière
E nem também Shakespeare

Nem todo filho é de Gandhi
Nem todo aquele que é grande
É Alexandre ou Golias,
Nem todo rei é Davi
Nem o Jardim é de Alá
Nem Mohammed virá
Nem Salvador é Dalí

Com quantos poemas épicos
Naqueles tempos Homéricos
Formou-se a grande epopeia,
Ilíadas e Odisseias,
A história de tantas vidas
Com tantos, com quantos cantos,

Camões criou os Lusíadas?
Nem a Sagrada Escritura
Escapa à minha loucura
Que é literal e completa,
Eis o final do juízo!
Eu quero ir além da seta
E faço o que for preciso
Pra sempre ser um poeta

FUNÇÕES DO ARTISTA

Entre as funções do artista
Ser aquele que irradia
Que fala e dá entrevista
Provoca e até desafia
Já disse para um repórter
Saiba, eu sou o Cole Porter
Do carnaval da Bahia

Bom mesmo é estar em cena
No palco e de forma pública
Sabendo o que vale a pena
Fazer com a sua música:
Alimentar a esperança
Embalar uma criança
Quem sabe de forma lúdica

Eu vim dos Novos Baianos
E os sonhos não têm idade
Não estará nos meus planos
A falta de novidade
Se não há mais poesia
Afasta-se, distancia
A tal da felicidade

Mas haverá um cantinho
Aconchego imaginário
Tempo *de manhã cedinho*
Espaço interplanetário
Feito uma nova Bahia
Relevo, geografia
Pintando um novo cenário

Reconstruindo as plateias
Os laços falam bem mais
No clarear das ideias
Na força dos ideais,
Assim a nova família
Em permanente vigília
Se livrará dos seus ais

Aí a grande nação
Ressurgirá do escuro
Desconhecerá o então
E tudo será futuro
A solução? Não me cobre
O povo se redescobre
E o nosso Porto é Seguro

ORAÇÃO

Que a nossa missão
Mesmo que seja espinhosa
Se torne vitoriosa
Nos termos da redenção

Que a nossa alegria
Acenda um grande farol
Fazendo dia de sol
Seja em qualquer estação

Que o nosso clamor
Ecoe pelo futuro
Que haja um porto seguro
Nas intempéries, na dor

Que o nosso desejo
Não seja mesquinho e cego
E se livrando do ego
Revele-se em cada beijo

Que o nosso carinho
Derrame assim pelas mãos
E se transforme em grãos
Que brotam pelo caminho

Que o nosso fervor
Não beire o fanatismo
Que o velho proselitismo
Não tenha nenhum valor

Que o nosso bom Deus
Nos livre de toda guerra
Pra não manchar mais a terra
O sangue dos filhos Seus

Que a nossa visão
Se mostre assim panorâmica
E seja mais ecumênica
Enfim, a nossa oração

CHORAR!

Chorar não é só de dor
Às vezes de tanto rir
Lágrimas podem cair
Dos olhos do meu amor,
E seja lá como for
O tempo desfaz em nós
A dureza desses nós
Que a vida em si nos impõe
Quem é que não se dispõe
A embargar sua voz?

No coração feminino
Pode chegar sem aviso
Um pranto mais que preciso
Um tanto assim cristalino
E só será desatino
Pra quem engolir o choro
Não vão levar desaforo
Eles que gemem no quarto
Sentindo as dores do parto
Ou por um simples namoro

Não é do mal nem do bem
É hora de refletir
Havendo que descobrir
O pranto que lhe convém
Pois desse lance ninguém
Se livra ou mesmo escapa
A qualquer hora ele ataca
Em sua forma incontida
O choro é sinal de vida
Onde o amor se destaca

Um choro brasileirinho
É sempre bom de ouvir
Por isso deixa ferir
As cordas de um cavaquinho
Quem sabe vai com carinho
Botar debaixo do dedo
Chorar Waldir Azevedo
À sua maneira lúdica
É choro virando música
E o instrumento um brinquedo

Pra chorar tenho motivo
Tô vivo, tô vivo, tô vivo
Coração tá na batida
É, sim, um sinal de vida.

UMA FLOR NASCEU NA RUA

Ali na dureza do asfalto
Brotou a delicadeza
E foi assim que a beleza
Tomou a gente de assalto
O amor falando mais alto
Na minha vida e na sua
Deixou a verdade nua
E crua na via pública
O alarido virou música
"Uma flor nasceu na rua"

No acirramento da luta
Desenrolou-se o conflito
Houve um momento bonito
Que não foi só força bruta
Alguém de boa conduta
Completamente na sua
Assim como quem atua
Lançou palavras de ordem
Gritou: acordem, acordem,
"Uma flor nasceu na rua"

AQUELE MENINO

Eu nunca gostei
De matar passarinho
Tinha medo até
Da espingarda do tio

Eu sempre gostei
Bem mais das meninas
E desde cedinho
Namorei as primas

Eu nunca aprendi
A nadar direitinho
Ficava a ouvir
O barulho do rio

Cidades pra mim
São as pequeninas
Me vejo quebrando
As suas esquinas

Eu nunca gostei
De viver sem carinho
De andar a pé
Até que um pouquinho

Cavalo de pau
Cabo de vassoura
Eu me apaixonei
Pela professora

Bons tempos de escola
De bola e de rua
Saudade pra mim
É o que continua

Idade me solta
Engana o destino
Traz sempre de volta
Aquele menino

ESSE BRASIL

Esse Brasil de lorotas
E às vezes até de glórias
Não vive só de vitórias
Parece que nas derrotas
O Judas perdeu as botas
Aqui no nosso pedaço
Dignidade, um abraço
Cidadania, e então,
Até mesmo da união
A gente perdeu o traço

O mal bateu nas pessoas
E até as que são do bem
Não sabem o que convém
Não cantam trovas nem loas,
Aquelas que foram boas
Já perderam a esperança
Qualquer sinal de mudança
Mesmo que ainda remoto
Sinceramente não noto
Esperar demais me cansa

Muitos estão a perigo
No ministério do nada
Não querem perder piada
Mas podem perder amigo
Por isso mesmo lhe digo:
Não me venha com gracejos
Eu tenho muitos lampejos
De vida pra me salvar
Enquanto puder sonhar
Alimento meus desejos

Quem que faz o diabo
Para vencer os seus pleitos
Mistura causas e efeitos
E tudo de cabo a rabo,
Na baba desse quiabo
Vou fazendo o que me cabe
Se safa aquele que sabe
Que a vida não tem reprise
Inventa em tempo de crise
Querendo que ela se acabe

Agora que a gente assiste
À queda livre do mito
Tudo que era bonito
Hoje parece triste...
A força de quem resiste
Em meio a todo esse aperto
No passo pede um acerto
Aqui, do lado de cá,
Eu me pergunto: será
Que o Brasil terá conserto?

LUPICÍNICO

Vou musicar os teus versos
Mudar o rumo da prosa
Invadir teu universo
Eu quero como quem goza
Entrar no teu pensamento
Arrepiar os teus pelos
Eu tenho a força dos ventos
Vou assanhar teus cabelos

Vou cometer desatinos
É grande o meu desengano
Reescrever teu destino
Interferir nos teus planos
Pra quem tirar tua paz
Oferecer recompensa
Não dá, não suporto mais
A tua indiferença

E como quem furta a cor
Acinzentar os teus dias
Eu falo cheio de amor
As noites serão vazias
O tempo não vai parar

No espaço dessa vontade
Sei lá, eu vou devassar
A tua intimidade

No meio da noite escura
No auge dessa vingança
Na rua da amargura
Tá por um fio a esperança,
Se resolveres no entanto
Um dia me dar a mão
Me encontrarás em um banco
Da praça da solidão

MEMÓRIA

Não malho em academias
Porém exercito a mente
E pra não ficar demente
Eu decoro poesias

A LETRA E A POESIA

Pra que discutir a forma
E até mesmo o conteúdo
Eu gosto de quase tudo
Que brota dos corações
Até um verso banal
Que não é nada erudito
Às vezes é mais bonito
E soa bem nas canções

Não dou razão a ninguém
Nessa conversa eu não entro
Bem-vindo o que vem de dentro
E fora da Academia
Partindo desse princípio
Quem me atrai são os loucos
Que celebram como poucos
Música e poesia

Eu quero lê-las em livros
Eu quero ouvi-las em discos
Eu faço lá meus rabiscos
Multiplicando os ofícios
Exercitando a virtude

Na profusão das imagens
Na integração das linguagens
Eu quero todos os vícios

Outrora que nostalgia!
Que onda! Eu era feliz
Ouvindo o som dos vinis
Aquela bolacha preta
Com suas capas na mão
Ainda me lembro quando
Ficava saboreando
Os versos de cada letra

Eu quero todas as mídias
Fazendo como quem sabe
Se alguma coisa me cabe
Que seja assim porque é
No espaço desse universo
A inspiração me projeta
Um vagabundo poeta
Ou um letrista qualquer

NÓS DOIS

Foi tanto carinho
Que a rosa nasceu sem espinho
Foi tanto querer
Coração em vez de bater
Pulsou de mansinho,
Foi tanto prazer
E foi muita risada
Tudo que o amor tem de bom
E a dor não foi nada

Abriu-se um caminho
Pra gente que andava sozinho
O Sol e a Lua
Só quem continua
Alcança o infinito,
O que vem depois
É a nossa vontade
E o que a gente quer pra nós dois
Senão a felicidade

O nosso amor já deu samba
Deu sombra e pode dar fruto
Escolhe aí um sabor

Me diz, meu amor,
Me diz que eu desfruto

AMIGOS E AMIGOS

Eu tenho amigos
E não são tantos
Eu tenho muitos
Nem sempre amigos

Eu tenho amigos
Que me são caros
Não me custaram
Nenhum tostão

Eu tenho amigos
Tão diferentes
Que no convívio
Tornam-se iguais

Eu tenho amigos
Em toda parte
Assim me sinto
Um cidadão

Eu tenho amigos
Que me conhecem
E conhecidos
Tenho também

Tem uns amigos
Que são pra sempre
Outros apenas
De ocasião

EDIFÍCIO

Começa na fundação
O grande prédio da vida
Projeto sob medida
Enraizado no chão
Onde não há erosão
Constrói-se a era futura
Engenhosa arquitetura
Planta baixa num papel,
Que sonha arranhar o céu
Com lucidez e loucura

Edificante cultura
Ocupação de um espaço
O tempo abre o compasso
Calcula bem a estrutura,
O homem faz escritura
Contempla todos os seus
No fogo dos Prometeus
Pretensos proprietários
Gestores, sim, temporários
Do patrimônio de Deus

O mal não é possuir
O mal é ser possuído
Já foi falado e é sabido
Mas sempre é bom repetir
Eu peço se alguém me vir
Fora do rumo que é meu
Do prumo que Deus me deu
Digam que assim sou um cego
Um grande amigo do ego
Maior inimigo do eu

SONHEI QUE ESTAVA EM PORTUGAL

Sonhei que estava um dia em Portugal
À toa num carnaval de Lisboa
Meu sonho voa além da poesia
E encontra o poeta em pessoa

A lua mingua e a língua lusitana
Acende a chama e a palavra Luzia
Na via pública e em forma de música
Luzia das, luzíadas, Luzias
Na via pública e em forma de música
Luzia das, luzíadas, Luzias

O SAMBA E A LÍNGUA

O que é que une o Brasil
De norte a sul com certeza?
É o samba
E a língua portuguesa

O samba e suas vertentes
A língua e os seus sotaques
O que é que os faz diferentes
É ter os mesmos destaques
O samba e os compositores
A língua e os seus poetas
E eu morro, sim, de amores
Por essas obras completas

O samba tem a cadência
A língua a sua sintaxe
O samba é malemolência
A língua diz: não relaxe
O samba é mais popular
A língua é mais erudita
Eu ouço o povo falar
Cantar de forma bonita
O samba tem a cabrocha

A língua sua cachopa
O samba acende uma tocha
A língua muda de roupa
O samba é uma escola
A língua é Academia
No samba a gente rebola
Na língua a gente vicia

SAUDAÇÃO AOS MÚSICOS!

Somos os dedos e as mãos
Que tocam sopros e cordas
O couro e os sentimentos,
Somos amigos, irmãos
Que se derramam em bordas
Vivendo belos momentos

Nós temos tantos motivos
Para embalar gerações
Crianças de toda idade,
Assim nos sentimos vivos
E através das canções
Trazemos felicidade

Somos as cores, o tom
O som que é para os ouvidos
E para os olhos, imagens
Girando o disco de Newton
Pra despertar os sentidos
E iluminar as paisagens

Somos de todos os públicos
Os sonhadores, os músicos

Que a vida um dia uniu,
Fortalecendo a cultura
Alucinante mistura
Que é desse nosso Brasil

O RECREIO DE DEUS

Na solidão metafísica
Vivendo momentos meus
Ouvi dizer que a música
É o recreio de Deus,
Afino meu instrumento
Aqueço bem minha voz
Reforço o meu pensamento
Aqui não estamos sós

E permaneço na escuta
Me entrego, me dou, me empresto
Já vai erguer a batuta
O nosso grande maestro,
Ao som de uma sinfonia
Inacabada, infinita
Eu entro em sintonia
E chego aonde Ele habita

Viajo por tantos céus
Nas asas da liberdade
Descortinando esses véus
Eu vivo uma eternidade
E passo a citar exemplos,

Já tenho algumas certezas:
Que Deus não cabe nos templos
Que é bem maior que as igrejas

E viva o ecumenismo
Que sempre une as nações,
Abaixo o proselitismo
Que move as religiões,
Todo cristão que se preza
Quando descobre o amor
Se ajoelha e reza
No altar interior

A OBRA DE DEUS

Nenhuma obra é completa
Porque só cabe ao poeta
O que jamais fora escrito

E nem uma obra é prima
Entre o poeta e a rima
Existe o que não foi dito

Nenhuma obra é perfeita
Se quem por ela foi feita
Não atingiu suas metas

Em frente à obra de Deus
Somos assim pigmeus
E só pretensos poetas

NADA

Já não preciso de nada
Nem de uma gota de álcool
Eu tiro onda no palco
E sei que não sou careta

Não gosto de pouca coisa
E digo que sou amante
Da lucidez irritante
Que me deixou muito louca

Sou uma artista de circo
E levo a vida no arame
Tô pendurada no andaime
E essa grande construção

Nada mais é que a vida
Tocada por um alento
À luz de um pensamento
Que se materializa

Procura lá no vernáculo
O que é que é espetáculo
Toda a sua dimensão

Não vais achar no *Aurélio*
A força desse mistério
A significação

Vai de Vulgata latina
Pra ver se ela te ensina
O que é que é emoção

Os sentimentos são vivos
Às vezes fora dos livros
Mas dentro do coração

UM BAIANO NO RIO

Quatrocentos e cinquenta
Janeiros tem este Rio,
Nas águas do desafio
Esta cidade se aguenta,
Resiste e se reinventa
Complexa geografia
Revela a fotografia
Na hora que o sol desmaia
Nas curvas de Niemeyer,
Toda beleza irradia

Provoca tanta cobiça
Esta cidade mulher
Nenhuma outra qualquer
Encanta e nos enfeitiça
A sua gente mestiça
Sabe viver nesta terra
Enxerga em meio a esta guerra
O horizonte da paz,
Grande é o milagre que faz
Imenso o amor que se encerra

Cidade dos brasileiros!
João Gilberto dizia
Na Glória e seus Outeiros
Nas águas dessa Baía
Recebe com simpatia
E uma alegria invulgar
Gente de todo lugar,
Seja operário ou artista,
O visitante, o turista
E quem vier pra ficar

O jeito do carioca
É muito peculiar
Aqui a gente se toca
E sempre quer abraçar
O modo de se falar
É de um sotaque gostoso
Naturalmente charmoso,
Baiano aqui não se cala,
Eu sou um deles que fala
O Rio é maravilhoso!

MULHER É SÓ POESIA

Eu não tô nessa de gênero
Eu quero o Cordel de Saia
Eu falo de um sentimento
Que não é fogo de paia
Mulher é só poesia
Em qualquer hora do dia
E até quando sol desmaia

No tempo dessa clareza
Eu quero a luz da manhã
Nós somos, sim, duas bandas
Formando uma só maçã
Ninguém segura esses lados
Só querem viver colados
Se atraem assim como um ímã

Não fosse Maria Bonita
Quem seria Lampião?
Talvez só um cangaceiro
Sem amor no coração
A mulher é uma uva
E cai assim como chuva
Na seca do meu sertão

Rodando a sua baiana
Almejo ver o cordel
Aqui, acolá eu já vejo
Homens tirando o chapéu
Verseja, mulher, verseja
Brilhando em qualquer peleja
Feito uma estrela no céu

No decorrer da história
A vida e a humanidade
Fizeram de muitas delas
Heroínas de verdade
E como elas foram dignas
Quebrando, sim, paradigmas
Da nossa sociedade

Mulheres em verso e prosa
Clarisse, Alice, Cecília
Dona Cora Coralina
Vejam que maravilha
Sem me esquecer das Amélias
Diná, Rachel e Adélias
De quem Elisa é filha?

É dura a realidade
Às vezes é muito triste
Saber que existem lugares
Onde a mulher não existe
Diante dessa parada
Se muitas não fazem nada
Há outras de dedo em riste

Por isso, minhas senhoras,
Enfrentem esses senhores
Na plenitude do ser
Sem ser Maria das Dores
Assumam o seu papel
Nas sílabas de um cordel
Vivendo só de esplendores

INSPIRAÇÃO

A inspiração ao fugir
Deixa o poeta tristonho
É assim como existir
E não ter um lindo sonho,
A vida fica vazia
Se não faço poesia
E uma canção não componho

Um rio por onde não corre
As águas de uma paixão
É feito uma flor que morre
No jardim do coração,
Nas folhas do meu caderno
Vivo um tenebroso inverno
À espera, sim, de um verão

A inspiração, se não vem
Também não manda recado
Encontra-se muito além
E não tem tempo marcado,
Mesmo que a duras penas
Aponto as minhas antenas
Pra ficar sintonizado

Inspiração... fantasia,
És puro gozo, orgasmo
Chegue de noite ou de dia,
Diz-me com entusiasmo:
Poeta faz tua parte
E agora transforma em arte
Este terrível marasmo

BORBOLETA AZUL

Uma borboleta azul
Adentrou em minha casa
Só depois eu percebi
Que quebrara a sua asa

Fiquei a pensar comigo:
Ela um dia foi lagarta
Rastejando pelo chão
Comendo o que se descarta,

Saciando a sua fome
Sem saber que seu estado
Pelo amor da natureza
Deverá ser transformado,

E não mais rastejará
Seu corpo desengonçado
Depois de um tempo dormente
Será outro, delicado,

Se expandindo pelo ar
Com a leveza do espírito
Aprendendo que voar
É o que há de mais bonito,

Doce néctar das flores
E a fragrância da campina
Luz do sol e seus fulgores
Saltitante bailarina

Um dia será assim
Liberdade em alta dose
Pelas mãos do Criador
Divina metamorfose

VAMOS CURTIR O AMOR

O amor é, sim, explosivo
Diferente da amizade
Inunda se for preciso
É feito um rio que invade,
Afoga tudo que é queixa
Quando se esvai ele deixa
As sombras de uma saudade

O amor é irresponsável
É o veneno da serpente
Tira onda de saudável
E deixa a gente doente
No amor eu sempre aposto
O amor é assim exigente
E é assim que eu gosto

O amor é irresistível
E não tem dia e nem hora
O amor é quase impossível
E gosta do aqui e agora
Só no amor eu me amarro
O amor é o combustível
Que eu preciso pro meu carro

De que matéria foi feito
A ciência inda não sabe
Vamos curtir o amor
Antes que ele se acabe

TALENTOS

Identifico feliz
Meneios dos seus quadris
Da bunda que Deus lhe deu

Às vezes eu me consolo
Pondo a cabeça no colo
Do peito que Deus lhe deu

Beijando só silencio
Sentindo quanto é macio
Os lábios que Deus lhe deu

Por entre mar e montanha
Vejo a beleza tamanha
Do corpo que Deus lhe deu

Sendo a filha legítima
E eu digo que é: Mahatma
A alma que Deus lhe deu

Será minha meta física
Assim em forma de música
A musa que Deus me deu

TENTE EXISTIR

Não queira ser dona
Da minha rotina
Até me abandona
Mas não me domina

Não queira ser cúmplice
Da minha desgraça
Seja mais simples
E muito não faça

Só queira saber
Da minha alegria
Sinta o prazer
De uma companhia

Só queira curtir
Um belo momento
Tente existir
Se esqueça do tempo

EM NOME DOS NOMES

3

BRASILEIRA ACADEMIA

Eu sou de um país
Machado de Assis
De lá dos sertões
Eu sou Guimarães
Divino é o dom
Bandeira e Drummond
Darcy e Antônio
Anísio e Afrânio
Amado e Ubaldo
Sou mesmo baiano
Maldito e eterno
Boca do Inferno
Eu sou Castro Alves
Até sou Gonçalves
Um *Per-Nabucano*
Gilberto Ariano

Um ser paulistano
Oswald de Andrade,
Eu mudo de alcunha
Eu-clides da Cunha
José de Alencar
A chama está viva

Eu sou Patativa
E sou do Rio Grande
Do Norte contudo
Antigo, Cascudo
Piano e fortíssimo
Quintana e Verissimo
Também sou do sul
E sob os auspícios
Rubem, Vinicius

O Rio e o céu
Clarice, Rachel
Dos Anjos, de Campos
Augustos são tantos
Conforme o sotaque
Olavo Bilac
Sou pedra e pau
Eu sou João Cabral
Dois dedos de prosa
Eu sou Rui Barbosa
Poeta e poesia
De uma academia
Chamada Brasil

LUIZ GONZAGA

Nasceu aquele rebento
Seu povo ficou feliz
Brilhou a luz de Luiz
Gonzaga do Nascimento,
Ali naquele momento
Iniciando a missão
Valorizou seu torrão
Consolidando este vínculo,
O Nordestino do Século
É o nosso Rei do Baião

Pernambucano de Exu
Eis o nosso mensageiro
De corpo e alma um vaqueiro
Brasileiro como tu,
A flor do mandacaru
A vida de pé no chão
O que vem lá do sertão
Pra receber esse título,
O Nordestino do Século
É o nosso Rei do Baião

Marquei no meu calendário
Dia treze de dezembro
A cada ano eu me lembro
Do filho de Januário,
No dia do aniversário
Fazendo a minha oração
Eu trago o livro na mão
E vivo cada capítulo,
O Nordestino do Século
É o nosso Rei do Baião

Ao som do seu instrumento
Seguiu a trilha sonora
Foi como quem foi-se embora
Retratando o sofrimento,
Veloz que nem pensamento
O desafio era então
Seguir naquele rojão
Sem conhecer obstáculo,
O Nordestino do Século
É o nosso Rei do Baião

Nas asas de uma asa branca
Partiu a perder de vista
Exercitando a conquista
Com sua conversa franca
Onde o saber não estanca
Eu faço uma indagação
Quem é este cidadão
Que ampara e dá sustentáculo?
O Nordestino do Século
É o nosso Rei do Baião

Sem nunca temer a lida
Aproveitou a viagem
E não foi só de passagem
Que esteve aqui nesta vida,
Foi triste a sua partida!
A saga de Gonzagão
Vai nos servir de lição
Consulta aí este oráculo,
O Nordestino do Século
É o nosso Rei do Baião

TOM ZÉ

Tom Zé foi quem me ensinou
Acordes no violão
Tom Zé foi quem me falou
Sobre o poeta Galvão

Tom Zé foi quem me ensinou
No Seminário de Música
Tom Zé foi meu professor
Na escola que foi a única

Tom Zé foi quem me ensinou
Dando um puxão de orelha
Tom Zé foi quem me levou
Ao teatro Vila Velha

Tom Zé foi quem me ensinou
O que é composição
Tom Zé foi quem me mostrou
Compondo em sua pensão

Tom Zé foi quem me ensinou
Com sua inteligência
Tom Zé foi quem despertou
No início a consciência

Tom Zé foi quem me ensinou
Ser um artista de fato
Tom Zé foi quem me inspirou
Eu devo a ele e sou grato

Tom Zé foi quem me ensinou
Nunca dizer que estou pronto
Tom Zé foi quem me sacou
E marcou o nosso encontro

Tom Zé foi quem me ensinou
Que a vida tem muitos planos
Tom Zé foi quem embalou
O sonho Novos Baianos

NOSSO GRANDE MENESTREL!

Correndo assim como os rios
O mais moderno entre nós
No tempo soltando a voz
Pra nos causar arrepios
Vem preenchendo vazios
Surfando as ondas dos mares
Criando novos lugares
Reinventando um país,
Quem faz o povo feliz
Enche de orgulho seus pares

Soprando assim como a brisa
Enxuga o nosso suor
Tocando, sabe de cor
O som que a gente precisa
Ele é aquele que avisa
Que o breque já vai chegar
E a poesia que há
Rapidamente conquista,
Sabendo o que é ser artista
O seu destino é tocar

Brilhante assim como o sol
No azul de um céu musical
Num tom que é tão natural
Do sustenido ao bemol
A sua luz é farol
E a gente enxerga através
A vida em outro viés
Nas lentes de um cidadão,
Abençoado é o chão
Que vai pisando seus pés

Das matas tem o mistério
Filosofando é um Sócrates
Se alimentando um Hipócrates
Brincando e falando sério
Tocando o seu repertório
Extenso e tão sedutor
Viveu o compositor
Seresta e alto-falante
Numa pequena e distante
Cidade do interior

Pegada e muito carisma
Pra mim é quase entidade
Em sua serenidade
Olhando por outro prisma
Fez o batismo e a crisma
Com um luxuoso auxílio
Cantou a canção do exílio
Para mandar um abraço,
Acreditou no seu traço
Inda no tempo do Emílio
Aqui e agora eu pergunto

Me diga como é que fica
Já dei a deixa e a dica
Vê se não muda de assunto
Quem é que vai chegar junto
Dar a resposta fiel,
No final deste cordel
Quem é que já descobriu?
Que estou falando de Gil
Nosso grande menestrel

PAULO CÉZAR LIMA

A Paulo Cézar eu devia
Uma canção, um poema
Umas palavras, um tema
A força da poesia,
Aqui e agora eu diria
Um mote ou mesmo um refrão
Já que o nosso campeão
Merece um grande destaque,
No campo ele foi um craque
Na vida é um cidadão

Chamado o nariz de ferro
Pois sempre encarou sem medo
Jogar era o seu segredo
Eu falo assim e não erro,
Ninguém ganhava no berro
Qual era a sua função?
Marcar sua posição
Brilhando em qualquer ataque,
No campo ele foi um craque
Na vida é um cidadão

Nos clubes onde atuou
Escreveu sua história
Viveu momentos de glória
Foi longe, se consagrou
Seu futebol decolou
Foi visto na seleção
Lá na Europa então
Consolidou seu sotaque,
No campo ele foi um craque
Na vida é um cidadão

Olhando através das frestas
No tempo da consciência
Compartilhando vivência
Vai dando suas palestras,
Mostrando que molas mestras
A vida tem de montão
Não cabe tudo aqui, não
É grande o seu almanaque,
No campo ele foi um craque
Na vida é um cidadão

SEJAMOS TODOS BETINHO

A humanidade caminha
Assim freneticamente
Às vezes anda pra frente
Por outras fora da linha,
Reflito e saio da minha
Esqueço o meu sobrenome
A dúvida me consome
E ao mesmo tempo me diz:
Não há como ser feliz
Enquanto existir a fome

Habito o mundo dos breus
Perdido num labirinto
Pra discernir o que sinto
Eu questiono até Deus:
Por que deixastes os teus
Que clamam pelo teu nome?
Antes que a morte me tome
Responde a este aprendiz,
Não há como ser feliz
Enquanto existir a fome

É grande a nossa indigência
E não é só de comida
Estou falando de vida
Da verdadeira essência,
Não pode haver existência
Se a dignidade some,
Que o sofrimento não dome
Quem vive assim por um triz,
Não há como ser feliz
Enquanto existir a fome

São nobres nossos motivos
É justo querermos mais
Que os programas sociais
Por vezes paliativos,
Meu povo, se estamos vivos
A velha luta retome
Seja o que bebe e o que come
Fazendo o que lhe condiz,
Não há como ser feliz
Enquanto existir a fome

Da vida, quem é parceiro
Batalha um novo caminho
Sejamos todos Betinho
Esse grande brasileiro,
Viva o nosso pioneiro
No fim dos versos que fiz
Exijo do meu país
Uma atitude bem séria:
Erradicando a miséria
A gente vai ser feliz!

EVOCAÇÃO A MANOEL MONTEIRO

Sobre esse grande poeta
Agora vou discorrer,
Porém não vou prometer
A sua obra completa
Para atingir essa meta
Demoraria um bocado,
Longo tempo dedicado
Ao que a memória expande,
Não digo só: ele é grande
Deixou imenso legado!

Nosso querido Monteiro
Que nasceu lá em Bezerros,
Veio corrigir os erros
Do cenário brasileiro,
Em vida foi um guerreiro
Que não parou de lutar
Pra fazer jus ao lugar
Que trazia por missão
Tornando-se um Bastião
Da Cultura Popular

Ao verdadeiro poeta,
O tolo chama de louco,
Por ele viver com pouco
Indo muito além da seta,
Em sua conduta reta
Encarando os desafios
Não procurou os desvios,
De maneira obstinada
Seguiu e não houve nada
Que o levasse a desvarios

Seus sonhos, seus ideais
Viveram momento crítico,
E num sentido político
Ele queria bem mais,
Porém sofreu os seus ais
Pois naquela conjuntura
As garras da ditadura
Forjavam perseguições
Na força bruta e grilhões
Do tempo da linha dura

Nas terras paraibanas
Onde se estabeleceu
Divulgou, fortaleceu
Sem usar de filigranas,
As criações soberanas
Os versos de cada dia,
Sabendo que a poesia
É poderoso instrumento
Que tem a força do vento
E muita sabedoria

Da sua Cordelaria,
Lembrando até me comovo!
O seu cordel era novo
Diante do que se via,
Feito uma luz que irradia
Iluminava o porão
Do fundo do coração
De quem somente interpreta
De forma errada o poeta
E às vezes perde a noção

No fogo dessa paixão
Incendiou seus gravetos
Apontou em seus folhetos
Os rumos da educação,
Espantosa produção
Teve papel importante
Sua escola itinerante
Andou por todas as feiras
Nas fervilhantes trincheiras
Com sua voz retumbante

Dizia que seus dilemas
Eram a matéria-prima,
A fonte de toda a rima
Nos mais variados temas,
Foi espalhando seus lemas
O nosso grande acadêmico
Universal e ecumênico
Cuidava das diferenças
Ao derrubar essas crenças
Na força do mal endêmico
Campinense cidadão!

À inspiração não deu tréguas
Andou por léguas e léguas
Da sua imaginação,
Chamando sempre atenção
De todo e qualquer vezeiro:
"O jeitinho brasileiro
Nunca será solução,
Quem tem um livro na mão
Terá sempre um companheiro."

Prezado amigo Monteiro
Por onde agora estiveres
Outra coisa não esperes
De quem já foi teu parceiro,
Meu sonho é alvissareiro
É só chamar que tu vens
Falar também com os jovens
Já vi que a morte não dobra
A força da tua obra
Eterno é o amor que tu tens

Sentado em tua cadeira
Que o meu pensar não descanse
Que a minha palavra alcance
De forma clara e certeira,
Não fique só pela beira
E assim como quem vai fundo
Eu possa abarcar o mundo
A partir desse terreiro
Como um vate mensageiro
Do sentimento profundo
Como saístes de cena
Eis um ato que respeito

É todo seu o direito
Aqui ninguém te condena,
A solidão nos acena
E a gente fala de vida,
Não houve nem despedida
Mas a lição nos foi dada:
Sozinho foi a chegada
E assim também a partida

Soltando o verbo nos versos
Cordelizei meu discurso
E como um rio em seu curso
Revisitando universos,
Fui por caminhos diversos
No adiantado da hora,
Se acaso ficou de fora
Uma ou outra referência,
Peço a vocês paciência
E desculpas, sem demora

Amigos da Academia
A nossa causa é urgente
Viva o nosso presidente
Guardião da poesia,
A sua sabedoria
Só quem é cego não vê
Pra nós, pra mim, pra você
Seja em qualquer circunstância
É grandiosa a importância
Da nossa ABLC.

GONÇALO E MADRINHA MENA

Andar sobre os trilhos de Santa Teresa
É coisa que eu faço pra ganhar o dia
Pegando um atalho vou pra Academia
No pé da ladeira encontro a beleza,
Um halo de luz, e de tanta clareza
A tarde se mostra, tranquila, inteira
Então meu amigo Gonçalo Ferreira
Daquele seu jeito, da porta me acena
E vem o sorriso da Madrinha Mena
Mostrando quem é a mulher brasileira

Assim de repente, e no tom da viola
Na vida eles dançam um baião de dois
O tempo não tem antes e nem depois
Pra quem os frequenta será uma escola,
É filosofia, ciência é o que rola
Em meio aos cordéis, pelejas, histórias
De fio a pavio contando vitórias
Na carpintaria de métrica e rima,
Os dois irradiam a mais alta estima
E nunca se esquecem das lutas inglórias

SHOW DE JOÃO GILBERTO

Qualquer ruído é barulho
Qualquer sujeira é entulho
Na arquitetura do templo,
E no bizu por exemplo
Em que a maldade se esconde,
Qualquer palavra é comício
Naquele momento onde
Imperam som e silêncio

Qualquer acorde é perfeito
Ecoa dentro do peito
E mesmo que dissonante,
Humano alto-falante
Pra quem pergunta e responde
Eis que a virtude é um vício
Naquele momento onde
Imperam som e silêncio

E dentro da atmosfera
Qualquer agito é galera
Qualquer espaço é Brasil,
E no detalhe sutil
Aquele que perde o bonde

Se joga no precipício
Naquele momento onde
Imperam som e silêncio

CHIQUINHA

A sua história
Exige que eu capriche
Compondo esse maxixe
Não serei um qualquer,
Que a memória
Agora não me falhe
Detalhe por detalhe
Quem foi essa mulher?

Que já nasceu
À frente do seu tempo
Mostrando seu talento
E o dom que Deus lhe deu,
Desde menina
Já era pianeira
Tornando-se a primeira
E grande maestrina

Com decisão
Dizendo não aceito
Venceu o preconceito
E a discriminação,
No temporal
Voando feito folha

Fazendo a sua escolha
Foi a maioral

Com alegria
Partia decidida
Não entendia a vida
Assim sem harmonia,
E aquela gana
Da verdadeira artista
Abolicionista
E republicana

Fez muito mais
Aqui dizer eu posso
Lutando pelos nossos
Direitos autorais,
Pode brilhar
Tocando em muitas salas
Cantando "Ô Abre Alas"
Que eu quero passar

É isso aí
Vê se você promete
Buscar na internet
O que eu não disse aqui,
Pra terminar
Cordão Rosa de Ouro
É grande esse tesouro
E a gente vai guardar

SAMBA E FILOSOFIA

Filosofia aplicada
Na veia do cidadão
Assim como quem não quer nada
E tome-lhe PLATÃO
Filosofia barata
E a que se bebe na fonte
Eu digo logo na lata
Antes que AUGUSTO lhe COMTE
Filosofia na mão
No conteúdo das artes
Você não vai de ZENÃO
Espero que não DESCARTES
Filosofia e fé
Pra que meu samba aconteça
Não sou doente do pé
Nem sou ruim da cabeça
Filosofia de vida
Cantada em verso e prosa
Não considero cumprida
Essa missão ESPINOSA
Filosofia eterna
Independente dos nomes
Quem sabe pega a lanterna

E vai em busca dos homens
Filosofia a granel
Adormecida na estante
O que não tá no papel
Que a gente toque e KANT
Filosofia e fé
Pra que meu samba aconteça
Não sou doente do pé
Nem sou ruim da cabeça

DITOS ERUDITOS

Pros que me ouvem, toco Beethoven
Pra quem tem arte, Mozart
Agora se anime, lá vem Paganini
Tudo que quero, a terra e o céu
Sempre que alcanço, danço Ravel

Toco mazurca
E a marcha turca
Pra quem me aplaude, Vivaldi
Para quem quer paz, dou Guerra-Peixe
Quem quer demais, digo me deixe
Pra quem é fã, Jobim, Chopin

Pense em trombones
Wagnerianos, em Carlos Gomes,
Vou de Brahms,
Do cosmo ao caos valsando Strauss
Bach barroco, Debussy louco
E Villa-Lobos e Pixinguinha e Radamés

Meu coração não tem razão
Nem quer parar,
Toca erudito e popular,

Toca alegria, taquicardia,
Vai devagar,
Toca bonito, o que é que há

OSMAR É O NOSSO NOÉ

Não precisou na verdade
De muita escolaridade
Anel no dedo ou diploma
Realizando os inventos
Multiplicou os talentos
Juntou os dons, fez a soma

Propôs a nova dinâmica
Inovações na mecânica
Na engenharia civil
Também na metalurgia
Pra construir a Bahia
Pra construir o Brasil

Por que não dizer o mundo?
Nosso engenheiro foi fundo
Com muita garra e afã
Honrando seus compromissos
Prestou também bons serviços
Na terra do Tio Sam

A qualidade inata
Do nosso autodidata

Já deu muito o que falar
Por essa e outras razões
São verdadeiras lições
As bolações de Osmar

Um dia o grande arquiteto
Diabolou um projeto
Aí revolucionou
Formando a Dupla Elétrica
A sua cabeça eclética
Juntou-se com a de Dodô

Encarando o desafio
Ligando tudo que é fio
A coisa funcionou
Num ritmo bem frenético
Inventou o Trio Elétrico
E o mundo se admirou

A esse espírito arguto
Vamos prestar um tributo
Faço um apelo patético
Ele é o pai dessa obra
Osmar é o que mata a cobra
E mostra o Pau, Pau Elétrico

É hora, não tem talvez
Em tudo aquilo que fez
Esse baiano de fé
Soube deixar sua marca,
Salve o grande Patriarca
Osmar... é o nosso Noé

DODÔ NO QUE DER E VIER

Dentro daquela dureza
Que aparentava Dodô
Eu via delicadeza
Era um distinto senhor
Que andava sempre nos trilhos
Seguindo a sua cartilha,
A começar pelos filhos
Cuidava bem da família

Firmava a sua conduta
E nunca pegava atalho
Assim como quem labuta
Se dedicando ao trabalho
Gostava de uma baiana
Fazia a sua algazarra
E nos finais de semana
Apreciava uma farra

Com seu parceiro Osmar
Fazendo uma estripulia
Pra revolucionar
O carnaval da Bahia
Unidos nas empreitadas

No campo das construções
Saídas inusitadas
E geniais soluções

Vibrando naquela faixa
No fundo do seu quintal
Ali na Cidade Baixa
Na sua terra natal
Fiel ao seu sentimento
Um cidadão de palavra
Tocava aquele instrumento
Que era de sua lavra

Chegava pouca notícia
De lá da longínqua América
Na intuição, na perícia
Forjava a guitarra elétrica,
Que a gente nunca despreze
Outros nomes por inteiro
Mas eu defendo essa tese:
Dodô foi um pioneiro

Saudades do bom baiano
Eu sinto, mas não faz mal
Presente está todo ano
Conosco no carnaval
Sabendo que seu papel
Cumpriu com sabedoria
Agora de lá no céu
Ele abençoa a folia

O tempo não determina
E nem esgota esse tema
"A vida é uma oficina"
Sempre foi esse o seu lema,
Merece nosso respeito
E tudo o mais que couber
Pra terminar eu receito:
Dodô no que der e vier

COMO É GRANDE ESSE ARMANDINHO!

Armandinho quando toca
Faz a gente se tocar
Da diferença que há
Entre o talento e o gênio,
Falta-nos oxigênio
No túnel das carretilhas
Notas a mil, maravilhas
Nos dedos de um semideus

Lá no Olimpo da música
Os anjos já dizem amém
Os arcanjos vão além
E nós, os pobres mortais
Ficamos querendo mais
Ficamos pedindo bis
Como se pra ser feliz
Precisássemos ouvi-lo

Armandinho quando sola
Não é só pra consolar
Eu vejo um Brasil solar
Atmosfera Bahia
Pensando alto eu diria

Assim sem medo de errar
Se só faltava falar
O seu instrumento fala

E foi assim desde cedo
Do seu lugar tomou posse
Com seu talento precoce
Assustou até o pai
E ele só disse: vai
Leva adiante essa história
Porque só fica com a glória
Quem sabe glorificar

Pilares desse universo
O popular, o erudito
Tudo que não tá escrito
Na partitura exata
E aí um autodidata
Da nata, um sem batuta
Revela-nos o que escuta
Um ouvido absoluto

Na escola do Trio Elétrico
Formou-se e é professor
Disseminando o amor
E a luz desses brasileiros
Que foram, sim, pioneiros
Por natureza, inventores
Os geniais geradores
De um dos maiores prazeres

A vida dá de presente
O carnaval da alegria

Já imaginaram folia
Sem nosso rei Armandinho?
Tá todo mundo sozinho
É um reinado sem trono
Uma coroa sem dono
Não gosto nem de pensar

Por isso é que a Bahia
Não sendo nada egoísta
Mostrou esse grande artista
Que pela televisão
Chegou pra toda nação
Em rede de grande alcance
Teve sua grande chance
E aí não desperdiçou

Trouxe de volta alguns mestres,
Mostrando que não tem fim
Um Jacob do Bandolim,
Foi revelando o segredo:
Ouvir Waldir Azevedo
É preservar um tesouro,
Foi retocando esse choro
De um jeito "Brasileirinho"

Eu digo: que é universal
Pra quem ainda se engana
A sua guitarra baiana
É pra lá de rock'n'roll
E mostra pra quem errou
Texturas e abordagens,
A mistura das linguagens
Que vai além das fronteiras

Eu guardo as minhas memórias
Que nunca são passageiras
Das cinzas das quartas-feiras
Armandinho, feito Fênix
Renasce, Beatles e Hendrix
Na multidão e a esmo
São tantos e ele mesmo
Em cima do caminhão

Em meio a tanto barulho
Garanto, não há quem durma
Se Armando com sua turma,
Formando A Cor do Som,
Teve um encontro tão bom
Que trouxe novos sabores,
Dando outro tom, outras cores
À música brasileira

Sujeito manso e sereno
Quase não levanta a voz
Tudo que há de veloz
Se concentrou nos seus dedos,
Instrumentos são brinquedos
Que manipula com arte
Como se fizessem parte,
Assim, do seu próprio ser

Tem andado pelo mundo
E sempre estendendo as mãos,
Seja com os seus irmãos
De sangue ou de ideais
Tá sempre querendo mais
Se apresentando melhor

Quem está ao seu redor
Recebe essa energia

Já posso finalizar
Esse poema cordel,
Já cumpri o meu papel
Caros leitores, eu digo:
Desse cara, ser amigo
É algo assim que me embala
Parceiro então, nem se fala
Come é grande esse Armandinho!

MARIA DA PENHA

Eu já não sou da cozinha
Eu já não sou mais do tanque
Me sinto bem à vontade
Agora eu só danço funk

Eu já não sou mais do lar
E não há mais quem me espanque
Tô cheia, sim, de razão
Eu sou a estrela do funk

Garanto que não preciso
Que nenhum homem me banque
Já tenho até empresária
Agora eu só vou de funk

Tomei uma decisão
No palco e no palanque
Mesmo gostando de samba
Agora eu só canto funk

Eu sou Maria da Penha
Da Rocinha e do Alemão
Dessas cidades favelas
Pacificadas ou não

CEM PALAVRAS POR ELISA LUCINDA

Espera, luzes e sombra
Voz, carisma, carinho
Vida, coragem, amor
Ritmo, entrega, paixão
Sorriso, canto, encanto
Crueza, verdade, domínio
Loucura, desejo, tesão
Presença, trabalho, prazer
Assunto, sentido, viagem
Humor, sabores, aromas

Lugares, estados, momentos
Paz, apelos, batalhas
Olhar, visão panorâmica
Dinâmica, rimas, achados
Cidades, casas, pessoas
Poemas, cadernos, histórias
Abraços, palco, platcia
Arte, trinados, gorjeios
Beleza, relances, anseios
Motivos, calor, sentimentos

Cenário, enlevo, ousadia
Diálogo, som, solidão
Pele, cabelo, arrepios
Livros, romance, performance
Perfume, real fantasia
Estrada, Brasil, continentes
Passado, presente futuro
No tempo, Porto Seguro
Aqui, agora e além
Línguas roçando línguas

Luas crescentes e cheias
Lugar ao sol e amores
Mulher, emoção, poesia
Espetáculo!

CANTORAS DO MEU BRASIL

Só peço que me aguardem
Quero o feitiço de Carmem

Na escuridão quem me salva
É a luz da estrela Dalva

Juro que já me senti
A irreverente Aracy

Sabendo o que é ser humilde
Choro que nem Ademilde

Às vezes ouço na minha
Vozes de Linda e Dircinha

Já tive muitos amores
Me pego sendo Dolores

Falar que sou, nem precisa
Romântica feito Maysa

Minha paixão se declara
Clara, Clara, Clara e Clara

Antes durante e após
Da geração espontânea
Na cena contemporânea
Posso soltar minha voz

Fazendo aqui meu perfil
Com ferramentas modernas
Homenageio as eternas
Cantoras do meu Brasil

PARA RITA LEE

Do alto dos meus sessenta
Minha cabeça não para
Meu bem eu não tenho cara
Daquela que se aposenta,
E mesmo que às vezes sinta
Da juventude saudade
Eu chego à terceira idade
Querendo a quarta e a quinta

A experiência me deixa
Ali, na cara do gol
E desse tal rock'n'roll
Não tenho nenhuma queixa
Sei os atalhos do campo
Não enche e não me amola
Quem corre agora é a bola
Vou encarando esse trampo

O meu amor é tamanho
A minha boca é vermelha
Eu sou aquela ovelha
Que não seguiu o rebanho
E mesmo que desgarrada

Jamais me senti sozinha
Tem muita gente na minha
Trilhando a mesma estrada

Meu corpo de bailarina
A minha alma de artista
Estão dançando na pista
Eu sou aquela menina
Inveja não me seduz
Naqueles que têm ciúme
Eu vou lançar meu perfume
Enquanto ainda houver luz

GONZAGA E DOMINGUINHOS

Eu não sei se a vida é dura
Ou é a gente que é mole
Um cabra que puxa um fole
De forma clara e segura,
Além de grande figura
Diante de qualquer mal
Tinha que ser imortal
Trilhando sempre os caminhos
Da luz que nunca se apaga,
Outrora foi o Gonzaga
Agora vai Dominguinhos

As dores de uma saudade
No coração de quem fica
Nem a ciência explica
Tamanha infelicidade,
A morte não tem idade
Chegando a hora do adeus
Quem vai discutir com Deus?
Se aqui ficamos sozinhos
A solidão nos afaga,
Outrora foi o Gonzaga
Agora vai Dominguinhos

Aqui a gente conquista
A eternidade da obra
Já que o tempo não dobra
A força de um artista,
E não se perdem de vista
Pérolas de melodias
Que são assim como dias
Vento soprando moinhos
Onde a lembrança divaga,
Outrora foi o Gonzaga
Agora vai Dominguinhos

O traço de um destino
Na palma da sua mão
Foi o motivo, a razão
Que fez aquele menino
Desenvolver o seu tino
Ao lado de seu Luiz
Um devotado aprendiz
Recebeu tantos carinhos
E o que o dinheiro não paga
Outrora foi o Gonzaga
Agora vai Dominguinhos

4

FAMÍLIA

NOSSA GERAÇÃO

A nossa geração
Inaugurou outro jeito
Outra forma de ser pai
Menino pra nós não é fora
Menino é dentro,
No centro
Menino não fica, vai
Participa em quase tudo
Faz parte do conteúdo
Do todo de uma família,
Que diz assim, não se zangue
Às vezes até nem precisa
Que os laços sejam de sangue
Porque querem muito mais
Os laços das ideias
Os passos dos ideais
Não basta ser pai,
Tem que ser amigo
Se me perguntarem
É o que sempre digo

NOSSA CASA

Uma casa transparente
Pra gente nela morar
Sem escada, sem batente
Nosso plano é caminhar
Pelo chão das nossas vidas
Vamos estender o véu
Pelas voltas, pelas idas
Até alcançar o céu
Uma casa é bonita
Mais difícil é ser um lar
Onde o amor não é visita
Quando chega é pra ficar
Casa que reconstruída
Pela força da união
É pequena na medida
Mas é grande o coração
Um castelo pequenino
Que abriga o nosso sonho
Um capricho do destino
Mais um hino que componho
Um jardim imaginário
Uma rosa e um jasmim
Pelas mãos de um operário

Nossa casa é assim
Vejo nas fotografias
Mãe e filha feito irmãs
Beijo com muita alegria
Seus rostinhos de romã
Nos momentos mais diversos
Eu fico feliz, já disse
E dedico esses versos
A Patrícia e Beatrice

BULIU CONTIGO, BULIU COMIGO

Eu sou do tipo que chora
Vendo um desenho animado
Daqueles que têm saudade
Mesmo que esteja do lado,
Eu sou daqueles que vibram
A cada novo momento
Aquele que se equilibra
Na linha do sentimento

Eu sou daqueles que criam
A eterna cumplicidade
Buscando a felicidade
Nos passos do dia a dia,
Eu acho que sou do bem
Tranquilamente eu diria
Sem ser melhor que ninguém
O que você mais queria

Eu acredito que a vida
Taí pra gente viver
Taí pra gente gozar
Ninguém nasceu pra sofrer,
Sou pai e sou um amigo

Avisa aí pra quem vem:
Que se alguém bulir contigo
Buliu comigo também

ALICE

Alice é uma f(ilha)
Cercada de música
Por todos os lados:
O pai, a mãe, os avós
Felizardos somos nós
É o amor que nos ensina
A deixar nossa menina
Fazer as suas escolhas
Seguir livremente a trilha
Sabendo que a família
Sempre estará ao seu lado
Por isso só peço a Deus
Que a vida de mim não fuja
Um beijo, minha pequena,
Do seu vovô tão coruja!

PARA NOÉ E FRANCISCO

Realizam-se depressa
Meus sonhos quase completos
Depois que eu ganhei os netos
Motivei-me para a lida
E agora eu só quero vida
Saúde até no cabelo
Se um deles me solicita
Eu peço a Deus, me permita
Tá pronto para atendê-lo

E aí haja novidade
Com eles viro criança
Diante assim da esperança
Quão relativa é a idade
Eu vivo a felicidade
Eu quero é a plenitude
De ver acesa esta chama
Não quero nem ver pijama
Nem penso em vicissitude

Dizem até, ora pois,
Que neto é melhor que filho
Eu digo que estou tranquilo

Porque eu gosto dos dois
Do antes e do depois
Bonito é ver a família
Crescendo e dando seus frutos
Celebrando os atributos
Dos ciclos, que maravilha!

A nós avós eu diria:
Não cessa com a idade
A responsabilidade
Agora é a sabedoria
Pode até fazer sequilhos
Mas é melhor atraí-los
Contando uma bela história
Exercitando a memória
E aos olhos levando brilhos

Em sua pequena arca
Viaja um sereno Noé
Francisco em outra embarca
Do jeito que ele é
Hora passou, nem dei fé
E assim por aqui eu fico
Pra não perder o horário
Pois hoje é o aniversário
Do nosso querido Chico

NOVENTA ANOS DE MINHA MÃE!

Dos Pires e dos Moraes
Nasceram os nossos pais
De duas grandes famílias
E quando já estavam prontos
Marcaram os seus encontros
Seguiram as suas trilhas

Abençoando o momento
No dia do casamento
Não tinha nada contrário
Estavam todos presentes
Os amigos, os parentes
O juiz e o vigário

E como duas crianças
Trocaram as alianças
Fazendo juras de amor
Com lágrimas pelo rosto
Sabendo que muito gosto
Fazia o Nosso Senhor

Pegaram então o caminho
Dona Nita e seu Dadinho

Que carregavam no íntimo
Dois corações disparados
Pulsantes, apaixonados
Batendo no mesmo ritmo

Aconteceu na sequência
Uma feliz convivência
Regada pelo prazer
No dia a dia, tranquilos
Já preparando os filhos
Que sempre sonharam ter

Zé Walter e Maria Helena
Logo entraram em cena
Correndo atrás desses dois
Mais um, para o patrimônio
Muito prazer sou Antônio
Cheguei um tempo depois

E não ficaram no aguardo
Pois logo veio Eduardo
E finalmente Pilô
Como quem planta e colhe
Assim nasceu esta prole
Pra completar esse amor

O traço desta união
Passou de irmão para irmão
Tamanha fraternidade!
E o fato de dar as mãos
Isso nos fez cidadãos
E a dona felicidade

Encheu a nossa vasilha
No seio desta família
Que nos cercou de cuidados
E no calor deste ninho
A proteção e o carinho
Vinham de todos os lados
Jamais nos sentimos sós!

Nos embalavam avós
Também os tios e tias
Todos ali na função
Como se fossem o pão
Nos davam suas fatias

Vou caprichando nas rimas
São obras-primas as primas
Os primos são uns primores!
No amor que é coisa séria
Eu digo: nesta matéria
Nós somos todos doutores

Bem-vindos! São prediletos
Os netos e os bisnetos
Que não param de nascer
Pra dar continuidade
A esta comunidade
Que não para de crescer

Eu vou contando isso tudo
Na forma e no conteúdo
E só embargando a voz
Quando a saudade me trai
Ao lembrar do nosso pai

Que não está entre nós
Mas ele se manifesta
Aqui nesta nossa festa
Do alto da sua glória
E Deus que nos recompensa
Mantém a sua presença
Viva na nossa memória

Cantemos pois o Te-déum
E mesmo de lá do céu
Que aquele seu bom humor
Agora nos acompanhe
E junto com a nossa mãe
NOVENTA ANOS DE AMOR!!!

FILÓ

Além dos pelos que solta,
Pede pra dar uma volta
E vai por qualquer caminho,
Escolhe a dona ou o dono,
E se acontece o abandono,
De todos quer o carinho

Cachorro não guarda mágoa
Além de comida e água
Cuidado, se está doente
Incrível como o animal
Faz bem paro o homem mau
E ensina gente a ser gente

Sozinho nunca me sinto
Se o animal tem instinto
Homo Sapiens tem razão,
A solidão não tem vez
Com meu Buldogue francês
E o amigo violão

ÍNDICE

PREFÁCIO 5

Alvorada dos setenta 7

1. DE CANTOR PRA CANTADOR 9
O cordel é meu roteiro 11
Cordel dos Direitos Humanos 13
A vida e a morte, a peleja 17
O Dia Internacional da Mulher 19
Evolução 21
O destino e o acaso 23
Seu Lunga no infinito! 25
O livro dos sonhos 29
O homem 31
Milagre 35
Senhor do Bonfim 37
Meu interior 39
Pelo Brasil 49
A Feira de São Cristóvão 53
Acordeon e cordel 57
Nós somos, sim, Paraíba 61
Esse cabra sou eu 63
Um sonho chamado Marina 65

O rio e o mar *67*
A praça, o povo e o poeta *69*
Obrigado, Caculé *73*

2. Di-verso *81*
A dor e o poeta *83*
Nem *85*
Funções do artista *87*
Oração *89*
Chorar! *91*
Uma flor nasceu na rua *93*
Aquele menino *95*
Esse Brasil *97*
Lupicínico *99*
Memória *101*
A letra e a poesia *103*
Nós dois *105*
Amigos e amigos *107*
Edifício *109*
Sonhei que estava em Portugal *111*
O samba e a língua *113*
Saudação aos músicos! *115*
O recreio de Deus *117*
A obra de Deus *119*
Nada *121*
Um baiano no Rio *123*
Mulher é só Poesia *125*
Inspiração *129*
Borboleta azul *131*
Vamos curtir o amor *133*
Talentos *135*
Tente existir *137*

3. Em nome dos nomes *139*
   Brasileira Academia *141*
   Luiz Gonzaga *143*
   Tom zé *147*
   Nosso grande menestrel! *149*
   Paulo Cézar Lima *153*
   Sejamos todos Betinho *155*
   Evocação a Manoel Monteiro *157*
   Gonçalo e Madrinha Mena *163*
   Show de João Gilberto *165*
   Chiquinha *167*
   Samba e filosofia *169*
   Ditos eruditos *171*
   Osmar é o nosso Noé *173*
   Dodô no que der e vier *175*
   Como é grande esse Armandinho! *179*
   Maria da Penha *185*
   Cem palavras por Elisa Lucinda *187*
   Cantoras do meu Brasil *189*
   Para Rita Lee *191*
   Gonzaga e Dominguinhos *193*

4. Família *195*
   Nossa geração *197*
   Nossa casa *199*
   Buliu contigo, buliu comigo *201*
   Alice *203*
   Para Noé e Francisco *205*
   Noventa anos de minha mãe! *207*
   Filó *211*

©2015 Numa Editora

Edição
Adriana Maciel

Produção editorial
Lia Mota

Revisão
Eduardo Carneiro

Auxiliar de produção
Julio Del Turco

Capa
Criação e direção de design: Ricardo Leite
Design tipográfico: Leo Eyer
Design: Rodrigo Moura

Fotos
Evandro Teixeira (capa)
Simone Sobrinho

Projeto gráfico e diagramação
Mari Taboada

      Moreira, Moraes, 1947-
M827p   Poeta não tem idade / Moraes Moreira. – Rio de Janeiro: Numa, 2016.
      218 p. ; 23 cm.

      ISBN 978-85-67477-07-7

      1. Poesia brasileira I. Título.

                                    CDD – B869.1

Este livro foi composto em Livory c.10,5/15,35,
impresso em papel pólen soft 80g/m²,
pela Gráfica Impressul em outubro de 2016.